南开大学爱国主义教育丛书

李向阳 总主编

百年南开 爱国魂

南开大学党委宣传部 编

南开大学爱国主义教育故事汇

南开大学出版社

天津

图书在版编目(CIP)数据

百年南开爱国魂：南开大学爱国主义教育故事汇 /
南开大学党委宣传部编. －天津:南开大学出版社，
2023.2(2023.9 重印)
（南开大学爱国主义教育丛书 / 李向阳总主编）
ISBN 978-7-310-06347-5

Ⅰ.①百… Ⅱ.①南… Ⅲ.①爱国主义教育－中国－
青年读物 Ⅳ.①D647－49

中国版本图书馆 CIP 数据核字(2022)第 221594 号

百年南开爱国魂——南开大学爱国主义教育故事汇
BAINIAN NANKAI AIGUOHUN
——NANKAI DAXUE AIGUO ZHUYI JIAOYU GUSHIHUI

南开大学出版社出版发行
出版人:陈　敬
地址:天津市南开区卫津路 94 号　　邮政编码:300071
营销部电话:(022)23508339　营销部传真:(022)23508542
https://nkup.nankai.edu.cn

天津泰宇印务有限公司印刷　全国各地新华书店经销
2023 年 2 月第 1 版　　2023 年 9 月第 2 次印刷
230×170 毫米　16 开本　14.75 印张　2 插页　218 千字
定价:75.00 元

如遇图书印装质量问题,请与本社营销部联系调换,电话:(022)23508339

编 委 会

本书主编：肖光文　赖鸿杰

编　　者：张　鸿　徐　悦　黎可涵　刘　斯

　　　　　王可欣　沈文瀚　刘香华　马凌越

　　　　　孙辰昊　杨欣竹　张予晴　王子晗

图　　片：南开大学新闻中心　南开大学校史研究室

答好"爱国三问" 谱写时代新篇（代序）[*]

杨庆山

2019 年 1 月 17 日，习近平总书记来到南开大学视察，参观了百年校史主题展览和元素有机化学国家重点实验室，与师生亲切交流。那天的新开湖畔、石先楼前，习近平总书记向 5000 多名师生招手致意，师生们齐声高喊"爱我中华，振兴中华"，共同唱响《我和我的祖国》，成为南开人最激动难忘的一幕。

习近平总书记视察时，寄语南开师生要把学习的具体目标同民族复兴的宏大目标结合起来，为之而奋斗。习近平总书记指出："爱国主义是中华民族的民族心、民族魂。南开大学具有光荣的爱国主义传统，这是南开的魂。"习近平总书记强调："张伯苓老校长有'三问'——你是中国人吗？你爱中国吗？你愿意中国好吗？这既是历史之问，也是时代之问、未来之问。我们就要把这个事情做好。"

南开是由一群不服输的中国人创办的，在民族危亡中诞生，在抗战烽火中坚守，在改革大潮中拼搏，在复兴图强中担当……百年来始终以周恩来校友为杰出楷模，作育英才、繁荣学术、传承文明，书写了爱国报国、兴学强国的光辉篇章。

南开的爱国传统是与生俱来的，始终与中国共产党相偕行、与国家民族共命运，以实现中华民族伟大复兴为己任。从"爱国志士"的

﹡ 本文是南开大学党委书记杨庆山同志在教育部思想政治工作司指导的"牢记嘱托，勇毅前进"2022 年高校党组织示范微党课展播活动中的讲话。

教育初衷，到振聋发聩的"爱国三问"，再到投笔从戎的家国情怀，都是南开一以贯之的特质。历史上，马骏、于方舟、郭永怀等先烈前辈用热血和生命作出了践行诠释；在新时代，阿斯哈尔·努尔太等南开学子以"爱国之心"和"报国之行"不断赓续传承。

南开人的报国情怀是代代相传的，始终秉承"文以治国、理以强国、商以富国"理念和"知中国，服务中国"宗旨，扎根中国大地、解决中国问题、服务中国发展。杨石先老校长毅然放弃从事多年的药物化学研究，转而投身国家急需的有机农药化学研究；何炳林院士默默无闻主持离子交换树脂研究，为我国第一颗原子弹研制作出重要贡献；周其林院士团队 20 年辛勤耕耘，研发出了高效手性螺环催化剂等，都是生动的例证。

党的十八大以来，习近平总书记多次对南开大学给予关怀勉励，充分肯定南开校训，要求南开成为巡视整改的标杆，给南开参军入伍八学子回信勉励等，都体现了习近平总书记和党中央对百年南开的高度重视和殷切期望。我们不负厚爱重托，围绕学习贯彻落实习近平总书记来校视察重要讲话精神和重要回信勉励指示精神，制定"谱写六个新篇章"实施意见，提出 6 方面 24 项 125 条任务举措，持续督责问效狠抓落实。我们踔厉奋发、笃行不息，取得一系列重要成果成效：党建思政贯通融合，奏响了"爱国三问"时代强音，6 个单位入选全国党建工作标杆院系、样板支部，化学学院党委获评全国先进基层党组织，"三位一体""师生四同"育人模式特色鲜明，一大批南开学子在基层、西部、军营和国家重点行业领域奋斗奉献；教学科研有力提升，诠释了"融入大我"报国使命，获评全国教书育人楷模、黄大年式教师团队，荣获国家自然科学一等奖，师资队伍建设明显加强，一流学科建设有新的突破，"大平台、大项目、大团队、大成果"聚焦国家战略需求持续发力……南开人沿着习近平总书记指引的方向，推动新发展，书写新答卷，用实际行动捍卫"两个确立"、做到"两个维护"。

　　奋进新征程、建功新时代，我们要牢记殷殷嘱托，将"爱国三问"一代一代问下去、答下去，用爱国主义情怀启智润心，引领师生铸爱国魂、立鸿鹄志、做奋斗者，努力为实现中华民族伟大复兴作出新的更大的贡献！

目　录

强国梦

爱国心

爱国三问 代代问答

◎南开大学百年校史展中的"爱国三问"墙

你是中国人吗?

你爱中国吗?

你愿意中国好吗?

◎张伯苓

八十多年前，南开大学校长张伯苓提出振聋发聩的"爱国三问"，在风雨飘摇的旧中国，种下自强图存的新希望。2019年1月17日，习近平总书记到南开大学考察时指出，这既是历史之问，也是时代之问、未来之问。

言犹在耳，激荡人心。1935年9月17日南开大学新学年的始业式上的这"三问"，赓续民族血脉，厚植爱国情怀，砥砺责任担当，令人自励自省、奋发进取。

所谓始业式，就是迎接新同学的开学典礼。在仪式上，学子们最为期待的便是校长的演说。张伯苓校长常常利用这个契机，向学子们宣讲南开精神。他的演说别具特色，虽是带有天津乡音的"大白话"，但言浅而意深，极富感染力。在每一次"入学第一课"上，张伯苓讲得最多的就是为国为公，这也正是南开精神最为重要的内核。张伯苓对此念兹在兹，不断以此勉励新老学生。

虽然举办始业式是学校的传统，但1935年的始业式不同以往。演说中，张伯苓主要谈了两个主题，一是"认识环境"，二是"努力干去"。这里的"环境"指的是时局，而这一年的不同之处，正是"环境有了许多的变化"。

环境有了什么变化？最大的不同，就是国家的危难日益深重。九一八事变东北沦陷后，华北随即面临着日寇的蚕食。1935年，日本通过一系列行动，制造事端，挑起摩擦，并提出各种无理的要求。而国民政府一再退让，并于7月表态：与日方达成"何梅协定"，对日本"所提各事均承诺之"。一时舆论哗然，人心大乱。

环境的变化，也让南开大学遭遇了空前的磨难。作为一位深具使命感的爱国教育家，张伯苓认为，"何梅协定签字以来，平津一带随时可有战祸"。他甚至清醒地预见到，"天津如被侵袭，早受日人嫉恨的南开学校，其遭遇破坏自属必然"。为了将南开继续办下去，张伯苓与校董们反

南開校友

認識環境，努力幹去！

廿四年九月十七日校長在大學部禮堂演說辭

張伯苓

開學那幾天，因為學校的事到南京去，所以沒得和大家談話。今天藉這個機會，和新舊學生稍微談談現在的情形，看看本學期咱們應當怎樣做法。

這一次始業式，是許多次始業式的一次，可是環境有了許多的變化。我們先要認識環境，再說怎麼樣應付環境。教育是幫助人應付環境的。既然要認識環境，今天就把個人所認識的所感想的說一說。最近幾年，特別是最近幾個月，有個很不安全的感覺。我們自以為是一個國，面這個國可是沒有門，沒有牆，這怎麼好！以前我們住在甚麼環境裏呢？以前的環境，四面的牆一齊倒，彼此互相支持住，沒有倒下，我們就在這個環境下住了多少年，覺得很安全。大家在底下還要亂打亂鬧，你看該死不該死！現在幾面牆都塌了，有一面牆要整個地倒下來，自己又沒有柱子支着，讓他倒又受不了。早也不知幹什麼去了，抬頭這樣了。

睜眼一看：各方面的勢力都跑了，祇有一個大勢力來啦，如「冰山之摔」，這是多麼不安全！中國人真有這不安全感覺了嗎？不覺全都有。我希望我們兩個人開的，都有這個機會，再沒以前的事，不能說，也不必說了，在牆下胡鬧的機會，我也是應該負責的。以前的事情，人人都應該負責，再沒有這不安全的感覺，應該怎麼樣負責呢？第一，不要像從前說孩子話，甚麼痛快說甚麼。回想前幾年，小孩子氣到萬分不要有。學生固然如此，甚至執政者也這樣。現在這個毛病，快快想法子蓋腦，蓋門。（要是懂得這個話，就是國防。）院子太大，不能都蓋，那怕蓋一個角呢也比不蓋好。第二，快快蓋自己的牆，擋住那猛撲而來的勢力。牆倒下來，記住啦，在這個不安全的情形之下，第一，不要隨便說話，大家一同都要死的。以前鬧私的感情，鬧意見，現在不要這樣了。

十一

◎1935 年 9 月 17 日张伯苓校长在南开大学新学年始业式上的讲话

复思量，决定寻求当时国民政府的支持。为此，他不得不将本该在 9 月
11 日举行的始业式，推迟了一周，专程赶赴南京，面见当时的国民政府
教育部长。在南京，张伯苓对迎接他的南开校友们说，要"为救国而抗
日"，不要因为学校有可能被毁，而对抗日心存顾虑。张伯苓呼吁校友们：
"同学们固应爱护母校，但尤应爱国。"只要国家在，学校"何患不能恢
复"，相反如果没有了国家，即使学校幸存，被敌人利用来愚弄国民，那
"办南开学校又有什么意义"？

时局板荡，张伯苓忧心忡忡。他感到，必须要通过一次演说，和全
校新老同学"稍微谈谈现在的情形"。因此，虽然错过了开学日，但是从
南京回来后，张伯苓仍然坚持为同学们做一场始业演说。

在演说中，张伯苓并没有对同学们谈及学校遇到的困难，也没有过
多描述外敌的凶恶。他强调的是中国人、南开人自己应如何认识这样的
环境。他指出，人如果不能应付环境，就要被淘汰，而教育正是帮助人
应付环境的。

张伯苓说："最近几年，特别是最近几个月，有个很不安全的感觉。
我们自以为是一个国，而这个国可是没有门，没有墙，这怎么好！"国没
有"门"，是指国防的无力，对外不抵抗，门户洞开。"墙"则是指支撑
国家的各方面力量。张伯苓说："以前的环境，四面的墙一齐倒，彼此互
相支持住，没有倒下……现在几面墙都塌了，有一面墙要整个地倒下去，
自己又没有柱子支着。"联系当时情况可知，"四面的墙一齐倒"，是指军
阀纷争的混乱局面。而在其他墙都塌了后，"一面墙要整个地倒下去"，
指的是国民党蒋介石一系虽然打败了其他新旧军阀势力，却照样在外敌
面前软弱无力，同样也要倒下去。

最令张伯苓痛心疾首的，是已处于危墙之下，人们还不能团结一致。
不仅如此，很多人甚至没有意识到"不安全"。张伯苓语重心长地对同学
们说："希望我们南开的人，都有这个感觉。"也就是都要有危机意识，
快快盖自己的墙，挡住那猛扑而来的势力。

"认识环境"之后，重要的是"努力干去"。怎样去干？张伯苓提出

了三个要点：要公、要诚、要努力。要公是价值观，是方向；要诚、要努力是态度和作风。

之所以要"公"，是因为很多人太自私、不能合作。之所以要"诚"、要"努力"，则是因为许多人爱耍小聪明、敦厚不足，做事总是浅尝辄止、知难而退。

特别是讲到自私，张伯苓痛心疾首。他说，自己曾经面对小孩子做过一次讲演，当问到"中国人多不多"时，小孩子们说"多"。又问"中国强不强？"答："不强。""为什么不强呢？"小孩子们回答："不能团结。"张伯苓说，这个道理小孩子都懂得，但是实际上很多人却做不到。他让学生们想一想："我真爱国么？我自己对公家有好处吗？我自己对公家有害处吗？"张伯苓要求学生们每天都要想上三回。

他说，很多人有一个毛病，就是太狭隘，"总不愿别人好"。"大家在一块谈，谈到别人的坏处，大家精神百倍；说人好处，就不高兴了，好像不愿中国有好人。"张伯苓指出，"这就是亡国的根源"。由此，他提出了振聋发聩的"爱国三问"。

这"爱国三问"醍醐灌顶，激昂了学生们的爱国之志！张伯苓对学生们说，如果你是中国人、爱中国、愿意中国好，那么就改掉自私狭隘的毛病，为国家为公团结起来！他希望南开人要从自己做起，"由一班、一个学校起下功夫，练习为公！"

始业式上的"爱国三问"，让初入南开的学子们真切感受到了国家的危难和南开人的责任，不少同学从此投身到救国运动之中。两年后，日寇伸出全面侵华的魔爪。战火初启，滋育爱国精神的南开校园便成为日军炮火攻击的目标，举行过一场场南开大学始业式的秀山堂礼堂毁于一旦。但南开人绝不服输，正如张伯苓校长所说："被毁者为南开之物质，而南开之精神，将因此挫折，而愈益奋励！"作为南开精神核心要义的爱国主义精神，自此更加深刻地扎根在一代代南开人心中。

抚今追昔、回望百年，南开的魂，就是光荣的爱国主义传统。南开大学诞生于五四爱国运动大潮之中，其办学目的旨在育才救国；抗战时期，因是"反日的基础"而遭日寇毁掠化为焦土；被迫南迁，在祖国西南边陲弦歌不辍，与北大、清华共同谱写中国高等教育史上光辉篇章——西南联大；北归复校涅槃重生，为新中国建设与发展上下求索、革新图强；改革开放后，紧扣时代脉搏，"知中国，服务中国"；新时代，加快"双一流"建设，继续书写新篇章……南开矢志爱国奋斗、奏响时代强音的生动实践，就是对"爱国三问"的郑重回答。

这所由一群不服输的中国人自己创办的高等学府，走出了心系国家、服务社会的爱国道路，铸就了"允公允能，日新月异"的南开品格，焕发出充满朝气、面向未来的青春精神，培养出了周恩来、陈省身、吴大猷、曹禺、郭永怀等一大批名家大师与国之栋梁。百年树人，风雨载途，南开大学始终高扬爱国旗帜，"爱国三问"在南开教育事业中一以贯之，成为始终回响在每一名南开人耳畔、振奋精神、激扬力量的永恒拷问，陶铸了一批又一批爱国淑世、心怀大公的英才栋梁。"知中国，服务中国"的宗旨和"文以治国、理以强国、商以富国"的理念，在一代代南开人身上接续传承、赓续发扬。

◎开学典礼上师生重温"爱国三问"

"你是中国人吗？"

"是！"

"你爱中国吗？"

"爱！"

"你愿意中国好吗？"

"愿意！愿祖国繁荣富强！"

如今，在南开大学每年的新生开学典礼上，全体师生会一起重温"爱国三问"。这样的场景已是惯例。不同时空的南开问答，一脉相承的爱国精神，成为巍巍南开最深沉的底蕴、最壮丽的诗篇。

新时代新征程，南开人时刻牢记习近平总书记的殷殷嘱托，矢志爱国奋斗，奏响时代强音，加快建设具有南开品格、中国特色的世界一流大学，将"爱国三问"一代一代问下去、答下去，在砥砺前行、接续奋斗中，谱写南开大学改革发展新篇章，交出一份无愧于人民、无愧于历史、无愧于新时代的答卷！

诸生诸生 志为爱国志士

1894 年，甲午中日战争爆发，清军惨败，清政府被迫签订《马关条约》，割辽东半岛、台湾全岛及所有附属各岛屿、澎湖列岛给日本，"赔偿"日本军费二亿两白银。清朝的惨败极大地震动了社会各阶层，使得有识之士越发认识到清政府及其旧制度的腐朽。1895 年 4 月，正在北京参加科举考试的康有为起草万言书，发动各省应考的一千三百多名举人联名呈奏清廷，史称"公车上书"，拉开了中国近代有名的维新运动即戊戌变法的序幕。

变法的阵阵呼声传到了时任贵州学政的严修耳中。甲午战争、戊戌变法给了严修很大震撼，他称赞"康长素之疏真卓论也"，也萌发了"教育救国"的宏愿！

严修（1860—1929），字范孙，南开校父，著名教育家、学者，曾担任贵州学政、学部侍郎，晚年弃官回天津倡办新式教育和地方公益事业。

◎严修官服照

严修与南通张謇向有"南张北严"之称。严修和南开大学首任校长张伯苓一样，是中国教育由传统教育转向新式教育过程中的代表人物。严修认为，要改变中国的落后面貌，救亡图存，必须学习西方资产阶级的社会学说和自然科学知识："近来时局，月异日新，泰西诸学，俱为当务之急。"严修感叹科举制的弊端，认为应当尽快革新。为此，他改组省城学古书院，添设经世之课，鼓励学生多读"经世致用"之书。除国学之外，严修还设数学课。为了选聘数学教师，他多方访求通晓微积分的学者，并到贵州主持讲席。在贵州期间，严修很注重新进人才，奖掖后进。对于研究自然科学的人才，他尤为重视，经常在各地留意访察，每有所见，总是给予热情鼓励。

维新之风渐起，严修也向光绪帝奏书，要求开设经济特科。所谓经济特科，是区别于旧科举制度，将社会所需的众多学问汇聚，囊括各国政治、外交、数学、工程测绘等领域，深刻钻研、创新的学问。但戊戌变法失败后，光绪帝被囚禁，康有为、梁启超等资产阶级维新派被慈禧太后清算，严修等人的革新举措很快搁浅。厌倦官场的严修在贵州学政任满后辞官回到天津，创办家乡教育事业，建立严氏家馆。1898 年 11月，严修聘请同样坚信教育救国的张伯苓（后为南开大学首任校长）在严氏家馆教授英文、数学、理化，后来这所学堂被严张二人发展为南开学校。此后几年，南开大学、南开女中、南开小学相继建立，在中国近代教育史留下了浓墨重彩的一笔。

◎严氏家馆

为了探索近代教育的模式，1902 年，严修登上开往日本的航船，拜访东京、神户等地，参观大学、中学、小学等二十所学校，与众多日本教员、教育家接触，同早稻田大学创始人大隈重信讨论小学教育法，交流德育、智育的关系。回天津后，严修信心大增，先后创办民立小学、公立小学、教员研究所等，学校风气大开。两年后，严修出任直隶学务司督办，推动全省教育发展。上任前严修再赴日本，与张伯苓一道，从日本文部省的建制到学校的自习室、洗漱间、食堂、宿舍都进行了深入了解。在日本期间，严修与张伯苓决定创办一所中学堂，这便是南开学校的前身。回国赴保定任职前夜，严修再次与张伯苓长谈，由张伯苓主持中学堂创建工作。后来，学堂迁入城南一片叫"南开洼"的地区，因此得名"南开"。1908 年，私立南开中学堂的第一届学生毕业时，严修从北京发来训词：

> 诸生毕业后，或进专门，或学实业，或改营生计，人各有志，奚能相强。虽然持此特立之一端，至其本源，则在归本于道德。诸生志于道德，则无论专门、实业以至改营生计，无害为君子，否则虽在通儒院毕业，特小人儒耳，何足取乎！诸生素讲习人伦道德一科，即知即行，无俟过虑，而鄙人所尤注意者则在国民道德。今者，内政外交事变日亟，国势不振，身家讵能独存？年长之英雄虽有匡时之志，而无其才；未来之英雄，无论有无其人，而时已不待，今日所赖以转移国势者，舍有志之少年，其又奚属？诸生今日中国少年之一部分也，勉之勉之，勿志为达官贵人，而志为爱国志士。鄙人所期望诸生者在此，本堂设立之宗旨亦不外此矣。

为了更好地践行教育救国的理念，1917 年，严修派南开中学校长张伯苓远赴美国哥伦比亚大学，师从著名教育家杜威、桑代克等人，研习教育理论。第二年，年届花甲的严修不顾体衰多病，也凑钱前往，考察哥伦比亚大学、芝加哥大学等高校。由于严修掌握的英语词句较少，他除了听课之外也请张伯苓给自己上课，类似今天的"家教"，二人也不时辩论、畅谈。这样的上课持续了二十四五次，每次两到三个小时，严修的课题笔记也记了一个厚厚的笔记本。同年11月，严修和张伯苓回国途经日本，得知儿子突然病故，严修仍然强忍老来丧子的剧痛，一边思考建立南开大学，一边看望周恩来等旅日南开学子。

重视知识教育的同时，严修也非常重视礼仪教育。他订立了四十字镜箴，又称《容止格言》："面必净，发必理，衣必整，纽必结。头容正，肩容平，胸容宽，背容直。气象：勿傲、勿暴、勿怠。颜色：宜和、宜静、宜庄。"其中，"气象：勿傲、勿暴、勿怠。颜色：宜和、宜静、宜庄"体现出严修的儒学气质，而"头容正，肩容平，胸容宽，背容直"则体现出曾做过海军的张伯苓的军人作风。

除了对学生严格要求，严修本人的品格也极为高尚，北大校长蔡元培说他"于旧道德素称高贵"，新中国首任总理周恩来则赞扬严修是"封建社会一个好人"。作为清朝翰林，严修在民国成立后却不以遗老自居，总是期盼着新社会的到来。他率先剪了辫子，废除跪拜礼，宣统皇帝溥仪在天津住过一段时间，严修也避而不见，而是隐居市里，关注教育和地方公益。中国著名教育家、南开大学校友黄钰生满怀深情地说："他（严范孙）早年提倡女学、戒缠足，开风气之先。旧的礼教，很不好破，他却破了，很不容易！"黄钰生回忆道：

> 1918年严修去美国时，为了保护他的安全，美国政府特派一名保镖，严老先生在美国各地参观，都有这个保镖一路相随。严离美回国时，这个保镖对他的印象是："我看到过许多 gentleman。只有严先生是一位完全的 gentleman。"

> 黄钰生感慨，严老先生是一个敦品、励行的人。在当时陈旧的社会环境中，严修不仅没有像其他士大夫一样纳妾，而且一生不嫖不赌，极为稀有。跟严修先生谈话，如沐春风。他非常有礼

◎黄钰生

貌，对人一视同仁。对大人物不卑不亢，对南开自己的学生也是一样热情，和蔼接谈。"你若是飞扬浮躁，他却慢条斯理地说话，从不疾言厉色，使人一下子没有了浮躁。"

◎南开学校东楼

1929 年，69 岁的严修与世长辞，《大公报》发文感叹此 "为学界之大不幸"。在他逝世 60 周年同时也是南开大学建校 70 周年之际，严修半身铜像在南开大学落成，师生集会，永思先生之卓功。十年之后的 1999 年，南开大学建 "范孙楼" 以示纪念。严范孙先生的不朽精神永远激励着一代又一代南开人前行。

从国帜三易到为国家办教育

中日甲午战争后，英国胁迫清政府签订了《中英订租威海卫专约》，按照这一条约，侵占中国威海卫的日军撤出，清政府"交接"后紧接着要把这一块中国领土转让给英国。当天，清朝海军的通济舰护送着清朝朝廷大员前往威海卫。交接仪式上，日本的太阳旗缓缓落下了，清朝的黄龙旗升了起来，这算是从日本侵略者手中"收回"了失地，但紧接着，清朝的黄龙旗也降了下来，英国殖民者的米字旗耀武扬威地升了起来。一日之内，中国领土上的国旗却变了三幅。通济舰上，有一位叫张伯苓的军人死死地注视着一日三易的国旗，他回忆道：

> 交接国旗时，清朝官兵一字排开，当时穿的还不是灰色的军装，而是一件破旧坎肩。衣前衣后各有一个"兵"字和"勇"字，但是杂七杂八，不是过于长大，就是过于短小。士兵个个面黄肌瘦，精神萎靡。他们除了手中的大刀，多半还怀揣烟枪。降旗的清兵更是不堪入目：蓬头垢面，两肩高耸，慢吞吞走出来，降下挂起不久的龙旗……而英军恰恰相反，一个个身材魁伟，穿戴威严，列队行进，步伐整齐，神采飞扬地升起英国的米字旗，那神情就像在战场上接受乞降者签字画押。"这两个兵一比较，实在是有天地的分别。"

国帜三易的闹剧，刺痛了这个名叫张伯苓的年轻人，也警醒他用自己的方式探索一条救亡图存的道路。

张伯苓，1876 出生在天津一个秀才家庭，著名教育家，南开大学、南开系列学校创办者，被誉为"中国奥运第一人"。张伯苓早年毕业于天津北洋水师学堂，后获得上海圣约翰大学、美国哥伦比亚大学名誉博士，

◎张伯苓

师从著名教育家杜威。在张伯苓出生的那个年代，中国正经历着由传统社会向现代社会转型的阵痛期，半殖民地半封建社会里的中国风雨飘摇，百姓水深火热，志士仁人前仆后继。张伯苓深感振兴民族之重任，遂以身许国，入天津北洋水师学堂学习，后进入海军实习。甲午战争爆发后，北洋水师全军覆没，目睹国帜三易的他终于意识到：仅凭海军救不了中国。

张伯苓愤而退役，转身投入教育创办南开系列学校，开始走上用教育提高国民素质的道路。鲁迅曾讲："凡是愚弱的国民，即使体格如何健全，如何茁壮，也只能做毫无意义的示众材料和看客。"张伯苓则讲："念国家积弱至此，苟不自强，奚以图存，而自强之道，端在教育。创办新教育，造就新人才，及苓终身从事教育之救国志愿，即肇始于此时。"当时，张伯苓受聘于近代著名教育家严修的学堂"严氏家馆"，借此机会，张伯苓以严氏家馆为基础，建立了当时中国北方地区最有名的中学——南开中学。学校建成后，全国各地甚至美国、南洋等地的华侨子弟纷纷慕名而来。此后，南开大学、南开女中、南开小学相继建立，南开系列学校和张伯苓一同被载入中国乃至世界教育史。

南开系列学校创始之初皆为私立，经费筹集困难，远远跟不上发展的需要。张伯苓四处奔波，向社会各界募捐，自称是"化缘的老和尚"。他常常碰壁，坐过冷板凳也挨过白眼，但张伯苓从未丧失信心。张伯苓为了把教育办下去，从一些军阀富商、达官显贵手中要来钱办学，有一些留日、留美的校友担心受军阀资助会玷污南开美名，对此张伯苓讲："美丽的鲜花，不妨是由粪水浇出来的。"社会上一些人见南开学校办教育则恶语相加："张伯苓是用狡猾的手段向人募款，请人做董事""张伯苓这是在沽名钓誉"。张伯苓和他的同事也都顶住了这些流言蜚语。

◎20世纪20年代初的南开大学女教师和女学生

◎南开大学初创时的校舍

创办南开大学后，张伯苓招贤纳才、礼贤教师。他联络各大学延聘优秀毕业生，还找到在哥伦比亚大学学习的凌冰来校任教，并联络在美留学生。新学期开始他会邀请新教师开茶话会；逢年过节，他都要和夫人邀请教职工聚会联欢；每学年完毕他都会宴请教员以示酬谢辛劳。张伯苓为南开大学的老师安排了舒适的生活条件，并有工友照料。相比之下，他自己的生活则极为节俭：

> 张伯苓去北京给学校办差，为给学校省钱只住在前门外施家胡同一个普通客店，每次房费 1 元，设施简陋，臭虫特别多，因此张伯苓每次去北京都要带一盒臭虫药。平时张伯苓去市里办事学校备有洋车，后来洋车被两个学生偷拉时摔坏了。车夫和斋务决定换个新的，张伯苓也拒绝了，因为还没有到把他漏下去的地步。工钱上，作为南开系列学校的创始人，张伯苓只拿一个中学校长的薪水，南开大学成立以后，只加领三四十元，相当于大学毕业生工资的一半。

在这样的操办下，南开学校逐渐发展起来。1922 年的一天，张伯苓突然找到南开大学化学系系主任邱宗岳，要交给他一个重要任务。邱宗岳是清末最早出国学习理工科的留学生，克拉克大学博士，近代著名的化学家。他回国之后创立的南开大学化学系是继北京大学之后在我国高校中建立的第二个化学系。张伯苓告诉邱宗岳：洛克菲勒基金团准备捐给南开大学一座科学馆用于理科教学，他们要听你的课，你的责任可是重大呀！邱宗岳登台讲课后，用一口娴熟地道的英语，将那堂定性分析

◎邱宗岳

课讲得深入浅出、层次分明、重点明晰。当时听课的外国代表拍手称好：在美国大学也很难听到这么好的课！之后，基金会为南开大学建筑科学馆提供了费用和仪器设备，剪彩时将其命名为"思源堂"。后人评价称：这是用一堂课换来一座楼。后来，这座楼也是日军侵华时南开唯一未被

炸毁的建筑，现在仁立在南开大学八里台校区的东南角。

张伯苓认为，教育在中国现代化的道路中发挥着举足轻重的作用：第一，教育提倡体育，发展体育事业，锻炼强健的国民；第二，教育提倡现代科学，传授科学之知识，培育科学之技法，灌输科学之精神；第三，教育可以提升人的精神修养；第四，教育可以发扬中华民族优秀传统文化。而张伯苓的实践论述和实践，特别关注"现代能力"：一是爱国主义和公德意识，张伯苓常问：你对公家做了什么贡献？他认为当时国人太自私自利，经常损公肥私、贪污纳贿，认为公家的事物不属于任何人，可以随便拿，有机会就偷、有机会就贪，张伯苓对这种现象痛心疾首。二是学习现代科学技术知识，开通民智破除迷信，让中国摆脱贫穷落后。三是用于进取、开拓创新，张伯苓发现当时的国人过于注重安适、和稳，缺乏竞争意识、冒险精神和创新意识，要让南开学校开辟出教育的新路。

因此，南开坚持着"土货化"的教育方针即立足中国本土，以解决中国社会实际问题为目标。南开大学于1927年成立经济研究所，调查天津物价，编制物价指数，在国内外受到重视；1932年南开大学成立应用化学研究所，解决中国化学工业生产中的现实问题。为"锻炼强健之国民"，南开大学举办了众多运动会。其中，1923年的华北运动会，张伯苓打破裁判由洋人担任的前规，改为全部由中国人担任，裁判术语也全部使用国语。

身体力行，鞠躬尽瘁。张伯苓拉起一个日渐辉煌的高等学府。一批知名学者先后于南开讲学：梁启超、杨石先、竺可桢、蒋廷黻、徐谟、罗隆基、何廉、方显廷……也培养了周恩来、陈省身、曹禺等一批享誉国内外的英才和大师。后来著名文学家老舍、戏剧家曹禺合写一首诗时写道："知道有中国的，便知道有个南开。天下谁人不知，南开有个张校长！"陶行知则曰："什么学校最出色，当推南开为巨擘。"张伯苓的教育

救国精神一直激励着后进学子；百年南开也一直致力于中华之崛起，直至 21 世纪的今日。

允公允能，日新月异。

南开精神，生生不息。

愿相会于中华腾飞世界时

1920 年 7 月的天津，一位年轻学生刚刚被反动当局从监狱中释放，南开大学校父严范孙就准备以"范孙奖学金"的名义资助他出国。不久后，这个名叫周恩来的年轻学生登上法国"波尔多"号轮船，跨过重洋前往欧洲，开启了他求索真理、救国救民的旅欧生活。

故事，要从 1913 年说起。

这年，周恩来的伯父周贻赓调任天津盐运司工作，15 岁的周恩来一同随伯父来到天津。素有"为中华之崛起而读书"之志的周恩来，考入天津南开学校（即今天的天津南开中学）。在就读中学期间，周恩来成绩十分优异，国文和数学成绩出彩，还经常撰写文章。南开校报《校风》记载，周恩来笔算速度很快，代数能拿满分。1916 年，南开组织不分年级的国文特试，全校 200 多人参加，周恩来的《诚能动物论》经严修亲自评阅选为第一名。周恩来还组织了"敬业乐群会"，会员从最初的 20 人发展到 280 多人，占全校总人数三分之一，他主持创办会刊《敬业》，并担任演说会副会长、国文学会干事等职，在南开新剧团担任主要成员，负责布景和演出工作，经常"粉墨登场，倾倒全座"。张伯苓和严范孙十分赏识周恩来的才干和人品，常请周恩来到家里做客，还用天津菜贴饽饽熬小鱼招待他。张伯苓曾多次说过："周恩来是南开最好的学生。"《南开学校第十次毕业同学录》评价周恩来："君性温和诚实，最富于感情，挚于友谊，凡朋友及公益事，无不尽力。"

◎周恩来的入学登记表

从南开中学毕业后，周恩来抱着"为中华之崛起而读书"的信念从天津登船东渡日本留学，与好友告别前，周恩来为友人郭思宁写下一句话："愿相会于中华腾飞世界时"，并写下一诗以示寻求真理之决心：

　　　　大江歌罢掉头东，邃密群科济世穷。

　　　　面壁十年图破壁，难酬蹈海亦英雄。

1918 年，正在日本读书的周恩来与张伯苓重逢，此时张伯苓刚刚从美国考察归来，途经日本，他对周恩来讲："南开要成立大学了。"周恩来毅然决定回国。1919 年 9 月 25 日，南开大学正式开学（对内称南开学校大学部），首期招收学生 96 人，经张伯苓、严修批准，周恩来免试进入南开大学文科读书，学号 62。至今，南开大学档案馆仍珍藏着当年周恩来的入校登记表和开学典礼合影。大学期间，周恩来利用业余时间成立了"南开出校学生通讯处"(今南开校友总会前身),任"办事人"。他亲自撰写了《南开出校学生通讯处细则》,并在校刊上发表了一封《给南开出校同学的信》,号召校友广提建议,"为南开谋精神上的发展,事业上的改造"。

适逢五四烽火熊熊燃烧,周恩来深受南开大学爱国主义精神的熏陶,领导天津地区的爱国学生运动,7月创办《天津学生联合会报》并任主编,9月组织创建革命团体觉悟社,成员包括邓颖超、郭隆真、马骏等人。觉悟社的成员中,后来有6人加入了社会主义青年团,8人加入中国共产党,周恩来、邓颖超是其中的杰出代表,马骏、郭隆真等人先后为革命事业献出生命。1920年初,周恩来领导爱国学生至北洋政府直隶省公署请愿,遭到逮捕。周恩来在狱中有了赴欧洲留学寻求救国真理的想法,并和南开其他被捕学生在狱中坚持斗争,学习马克思主义。经多方斡旋营救,当年7月,周恩来出狱,随后即刻离开天津赴欧洲留学。为帮助周恩来赴欧留学,严修特地给北洋政府驻英公使顾维钧写了介绍信,还专门在严家账上为周恩来立了户头,每半年支款一次,均托人负责转寄。

◎1920年,被捕师生代表出狱后合影(四排右二为周恩来、右一为于方舟,二排左二为马骏)

在欧洲留学期间，周恩来一直保持着和严修、张伯苓等师生的联系，他组织起留欧南开同学会，被选为南开同学会法国干事，并向学校和觉悟社战友介绍欧洲情况。1921 年，周恩来加入中国共产党巴黎共产主义小组，确立共产主义信仰。次年，他和赵世炎等人组织起旅欧中国少年共产党，周恩来负责宣传工作，担任中国社会主义青年团旅欧支部书记，为中共旅欧支部领导人。他在给觉悟社友人的信中写道："我认的主义一定是不变了，并且很坚决地要为他宣传奔走。"

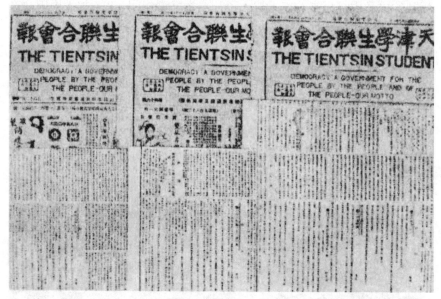

◎周恩来主编的《天津学生联合会报》

1924 年周恩来回国，同年担任黄埔军校政治部主任，同志士仁人一道为中华民族救亡图存呕心沥血。抗日战争爆发后，南开大学校园被日军炸毁。1939 年 1 月，周恩来和邓颖超到重庆南开中学作报告，受到学生热烈欢迎。周恩来身穿中山装，英姿焕发，健步走上学校礼堂的讲台。

张伯苓："周校友奔走国事，卓著勋劳，为大家树立了榜样。今天有这个难得的机会给大家讲……"

（话音未落，会场响起热烈的掌声。）

周恩来:"我也是南开中学的学生,张校长是我的校长,在座的老师有的也是我的老师。能够回到母校与老师和同学们见面,畅谈国家大事,感到十分高兴。几年以前,要是我站在这儿,有人就可以发一笔财——那时候,谁抓住我,就可以得到几十万元的奖赏!"

(全场师生哄堂大笑,大家也联想到中国革命的曲折。)

"但是今天,我可以站在这里和大家一起畅谈国事,这说明形势变了,说明抗日民主统一战线已经建立起来了!"

周恩来多次对青年学生发表讲话,戳穿了蒋介石一伙在青年学生中散布的"只埋头读书不问国家大事"的谬论和阴谋,后来又在南开校友新年聚会上发表了《抗战建国和南开精神》,分析国内抗战的形势,号召大家团结一致,反对一切挑拨离间和悲观言论。他讲了南开精神:"南开传统的精神是为抗日与民主,为苦干、实干与穷干。"

新中国成立后,已经成为新中国总理的周恩来一直对南开大学念念不忘,先后三次重访南开。1951年2月23日,南开大学老校长、著名教育家张伯苓与世长辞。周恩来闻讯后第二天即来到张宅吊唁,之后视察了南开大学和南开中学,给予张伯苓教育思想和南开学校很高的评价。六年后,周恩来和波兰政府总理来天津访问,在南开大学等高校欢迎外宾大会上,他希望青年大学生负起比老一辈人更大、更艰苦的责任,工作得更好。

1959年5月28日,周恩来和邓颖超在河北省与天津市领导陪同下,再次来到母校视察,他抽出一整天时间,几乎走遍了南开园的每个地方。南开大学的学生密密麻麻地站在校内的新开湖旁边,形成一道长长的人廊。周恩来指示要好好发展高等教育,发展社会主义,虽然我国经过了十年的恢复和建设,但不可能一下子改变贫穷落后的面貌,社会主义建设需要几代人的努力,想事情、看问题要立足于六亿五千万人这个根本观点。

◎南开学子在周恩来总理像前献花

　　1976 年 1 月 8 日，周恩来总理与世长辞，按照遗愿，他的骨灰撒在了中华大地上。他是中国人民永远的好总理，也是南开学子永远的学长、榜样。周总理去世三年后，周恩来纪念碑在马蹄湖落成，时任南开大学校长、著名化学家和教育家杨石先写下碑文。1989 年南开大学建校 70 周年之际，周恩来全身雕像在主楼前落成，主楼古朴的色调象征着南开坚守初心的精神理念，楼前的周恩来总理像见证着南开人前仆后继的爱国情怀。直至今日，周恩来总理的坚毅而亲切的教诲仍然回荡在南开学子耳边：

　　　　想要想比现在还新的思想；
　　　　做要做现在最新的事情；
　　　　学要学离现在最近的学问。

诞生于五四大潮中的南开大学

"南开大学具有光荣的爱国主义传统，这是南开的魂。"[1]2019年初，习近平总书记视察南开大学时，对这所百年学府给予高度评价。

的确，南开这所大学，从其诞生之日起，就与"爱国"这个词紧密相连。

清朝末年，国运衰败，列强环伺。国难当头，不服输的中国人纷纷觉醒，探寻救亡图存之良方。1898年的冬天，38岁的晚清翰林严修，因投身戊戌变法而遭顽固势力排挤，赋闲在津为家塾寻找新学教师，这一找便成就了一段历史性相遇，也为多年以后的一所知名学校发现了一位了不起的大校长——张伯苓。彼时，张伯苓还是名刚刚退役的年轻海军军官，22岁的他在威海卫经历"国帜三易"奇耻大辱后，愤然弃武从文，决心投身教育。铮铮铁骨、拳拳之心，两位奋发图强的中国人，一拍即合，开启了携手育才救国的共同事业，这便是南开大学之肇端。

1904年是甲午战争爆发十周年，那是让国人皆醒的一战，那是让士人纷纷寻找救国良方的一战，这一年严修和张伯苓东渡日本考察教育，更有着不同寻常的意思。他们认为日本之所以富强，强在振兴教育，正所谓"欲救中国，须从教育着手"，于是回国后二人便联手创办了南开学校。"南开"二字则取自学校所在城南开阔的洼地，由于这个学校是一群永不服输、愈益奋励的中国人所办，所以"南开"二字后来也有"越难越开"之意，从某种意义上来说，1904年是南开大学的奠基之年。

创办大学是严修、张伯苓一直以来的心愿，南开学校的先行创办，

① 中共天津市委宣传部、教育工委、南开大学：《百年南开"爱国三问"的传承》，《求是》2019年第8期。

为的便是日后徐图扩充。普通教育仅为国民教育之初步，不足以满足国家社会之所求，大学才是国家发展的根本大计——这是两位先贤最深切的感受。

从 1913 年到 1916 年，南开多次尝试创办高等教育。从高等师范班到英语专门科，再到高等师范部和专门部，这些尝试，一是为有志留学或从事教育工作的青年提供深造条件，二是为专门部发展为大学打下基础。曾担任专门部主任、从哥伦比亚大学毕业留学归来的张彭春就在同师生举行茶话会时，谈起过办大学的设想：

> 今专门部将改为大学，即系期望诸生深造，后来庶免有心长力绌之弊，而得左右逢源之妙。大学科目有政治、社会、哲学、心理、经济、教育、中国文学、英国文学、历史等门。德文拟定为随意科之一……将来悬想之标的，使南开大学生纵不能发明新理，为世界学问之先导，亦决不令瞠乎欧美开源之大后，必与之并驾齐驱。至年限上，则为预科年半，本科二年半。

张彭春的这一提议，既有学制、系科设置和课程安排等方面的明确规划，也有与欧美大学"并驾齐驱"的宏伟蓝图，是一份切切实实的办大学的计划。然而，当时面临着重重困难，师资、校舍、设备、资金等都不充足，很多公立大学都要关门了，更别说依靠中国人自己的力量办一所大学。南开的尝试也同样不是一帆风顺。1916 年，英语专门科、高等师范班由于经费难以维持相继停办。但严、张二先贤"不因两次之失败而灰心，不以经济之拮据而变态"，一步一个脚印，在兴办大学的道路上继续前进。

1917 年，张伯苓赴美国哥伦比亚大学师范学院研究教育。1918 年，严修与南开校董范源濂、孙子文等人亦赴美考察。此番游学考察，使他们对美国大学的组织与发展情况有了较为深入的了解，他们认为"诚以教育为人才之母，人才为国家之用，亦凡百事业之所需"，想到"比明年，欧战告终，和会初开，默察世界大势，益觉吾国教育之振兴为不可缓"，因而更深切感受到大学教育对国家的重要："普通知识仅为国民教育之初步，殊不足以应国家社会之所求。斯高等教育之设施，遂不容不奋起直追，以与欧美相颉颃，俾定国家根本之大计。"

◎严修、张伯苓等赴美考察大学教育

1919 年 2 月 4 日，严修与张伯苓、张彭春、马千里、华午晴商议筹办大学事宜，决定成立大学筹备课，张彭春任主任，主持起草了《南开大学计划书》。由此，张彭春也被称为"南开大学计划人"。十日后，张伯苓在南开学校开学典礼的讲演中，进一步明确了筹办大学的计划，并从大学对青年人的培养、大学为社会的贡献、怎么样办人民所立的学校等诸多方面，阐述了办大学的意义。他还专门提到，"教育为社会谋进步，为公共谋幸福；教育为终身事业（life work），予于此至死为止"，在提出了办大学目的的同时，再次表明了教育救国、兴学图强的不悔信念和坚定决心。

如何设置学科，关系到一所大学以后的发展方向。学校在经历多番讨论并征求天津各界人士的意见后，本着"文以治国，理以强国，商以富国"的办学理念，设立了带有强烈的"育才救国"实用性的文、理、

商三科。

经过艰难筹措，南开大学正式开学。1919年9月初，学校举行新生入学考试，连同周恩来、马骏等保送生，共录取96人。9月25日，第一届新生开学典礼隆重举行。张伯苓、范源濂及教授卢易士、凌冰等相继致辞，讲述了南开大学艰难的创办历程，希望同学们在国家危难中，有所作为，继维危局。这所"私立民有""为公利群"的大学就这样在五四烽火的大潮中诞生了。

◎1919年9月25日南开大学首届学生开学

1919年11月22日，学校召开南开大学成立纪念大会，严修、孙子文、李时臣等各界来宾与会。张伯苓校长致辞：

> 南开创办十五年，变迁甚速，而教育精神从未改变。盖个人应具固有之人格，学校亦当有独立校风。我等应付变迁惟有思想活动，而不失本来精神。现在世界正值变迁甚烈之际，国家社会不如此，皆甚危险，愿南开学生以本校之精神为精神，以应付世界之变迁。

南开没有辜负时代的期盼，五四期间，师生投身于轰轰烈烈的爱国运动，号召民众"警醒国魂""不忘国耻"。周恩来、马骏、马千里、时子周等成为天津五四爱国运动的领袖。1919年8月，为要求惩办山东当权的反动亲日派，并要求释放先一批被捕的代表，马骏、周恩来率领天津的学生代表团到北京和北京的学生会合，开展了学生请愿大示威。马骏等学生领袖被捕后，张伯苓、孙子文等连忙赴京，请愿营救。1919年12月，南开师生两次参加天津市的国民大会，深入商家店铺调查日货。天津反动当局进行镇压，制造借口，逮捕了马千里、时子周、马骏等7名代表，并在警察厅花园殴打南开学生师士范、祁士良等6人。1920年1月29日，南开大学、南开中学等17所大中学校学生在周恩来、郭隆真、张若名、于方舟的带领下，赴直隶省公署请愿，又遭残酷镇压。周恩来等4名代表被捕，南开13名学生受伤。在此前后，南开的凌钟、李恭允、杨云峰、陈春华、陶尚钊等也因散发传单、调查日货被捕。被捕师生在狱中与反动当局展开了针锋相对的斗争。1920年7月，在社会舆论的强大压力下，反动当局不得不释放被捕代表和学生。与此同时，南开师生还参加妇孺救济会，在津郊北仓、杨村一带赈济因为直皖战争而流离失所的灾民。

虽然国难深重、时局艰难，南开大学仍在不断发展创新。1920年9月，南开大学推行男女合校制度，成为中国最早招收女生的大学之一。实行男女同校，不仅开创了当时社会风气之先河，也向世人证明，男女平等接受教育的权利，在高等教育上已经初步实现。

南开大学还向社会敞开大门。1922年7月至8月，为应对"当时全国知识界学问恐慌""改善国内教育气象"，南开大学开办了暑期学校，邀请梁启超、胡适、徐志摩等诸多名家来校讲课，以此提高在职教员和青年学子的学识水平，培养中小学职教员，振兴国家教育。在天津达仁女校任教的邓颖超就于1923年参加了南开大学第二期暑期学校的学习。除了平时的课程和讲座外，暑期学校每逢周末，还组织学员参观天津的自来水公司、博物院、陈列所、造币厂等地，通过社会实践增长学员见闻。可以说，暑期学校是对"公能"教育理念的探索，也是不忘南开办学初心的执着实践。

◎南开大学迁入八里台新址进入新的发展阶段

1923年，南开大学迁入位于天津城南八里台的新校址，历经十几年的辛苦耕耘，在一片荒地上建成了中国北方教育重镇，继续在追寻民族自强、谋求学术发展、爱国报国的办学道路上求索前行。

以解决中国问题为教育目标

吾人为新南开所抱之志愿，不外"知中国""服务中国"二语。吾人所谓土货的南开，以中国历史、中国社会为学术背景，以解决中国问题为教育目标的大学。

1928 年，正值南开大学成立第九年，南开大学校长张伯苓主持制定《南开大学发展方案》，正式提出南开大学"知中国，服务中国"的办学宗旨与"土货化"的办学方针，南开人心存大公、报国为志有了更加明确的目标和鲜明的口号。

事实上，这一宗旨的提出，与南开大学发展史上的一则"风波"关系紧密。1924 年，《南大周刊》上发表的《轮回教育》在南开园中引起了强烈反响。文章的作者，23 岁的南开学生宁恩承在文中尖锐指出：学生毕业后学着老师的样子到美国拿个博士学位，回来后依样画葫芦再唬后来的学生，后来的学生再出洋按方配药，"这样转来转去，老是循着这两个圈子转，有什么意思？学问吗？什么叫做学问？救国吗？就是这样便称救国吗？"很多留洋教师对这个观点表示强烈不满，一场围绕"轮回教育"展开的全校性的大争论由此产生。

经此"风波"，张伯苓开始反思当时的教育现状。他进一步认识到："此种教育既非学生之需要，复不适于中国之国情，等于小贩经商，行买行卖。"

于是，学校在多方面做出改革。1925 年，南开将英文课之外的所有课程均改用国语讲授。也是在这一年，张伯苓前往日本和欧美等地进一步考察教育。1926 年，南开成立社会视察委员会，以实施"开辟经济"的教育，养成"现代力"之青年。该委员会成立后四年时间内，南开调查了天津百余所机构，也使得学生能够更加深入地了解社会，从而"培养学生实际上之观察力""谋学校生活与社会生活之联络"。1927 年，教务会议决定，学校不再使用美国原版教材，而是结合实际自行编辑教材。

终于，在 1928 年春，张伯苓主持制定《南开大学发展方案》，明确指出：中国大学教育的弊端在于半"洋货"化——学制、师资、教材均直接或间接来自西洋，学术"恒以西洋历史和西洋社会为背景"，精神"几以解决西洋问题为目标"。为此，"中国大学教育，目前之要务即'土货化'"，而"土货化必须从学术之独立入手"，"中国大学若不努力于研究事业，则中国学术永无土货化之时期"。

张伯苓校长所言之"土货"，即"贴近中国国情""扎根本土实际"，"土货化"亦即"中国化""本土化"。创建"土货化"的南开大学，目的就在于兴办"中国化"的教育、致力"本土化"的学术，以更好地认识中国、服务中国。

为确保"土货化"的学术研究取得实效，《南开大学发展方案》规定要以三项标准来确定学术研究范围："（一）各种研究，必以一具体的问题为主；（二）此问题必须为现实社会所亟待解决者；（三）此问题必须适宜于南开之地位。"在方案的最后，老校长还强调："南开大学将来之发展，即不外上文所定之方针与范围……经费充足，则循此以为尽量之发展，即经费拮据，亦当努力以'认识中国''服务中国'为鹄的也。"

在这一宗旨的指导下，南开大学建立了社会经济研究委员会，这是当时国内高校中最早建立的经济研究机构，是当时国内外公认的研究中国经济的具有国际影响的权威学术机构。

在这里，以何廉和方显廷为代表的南开经济研究所的专家、学者，"抱定复兴中华之目的，竭毕生之精神，振刚毅之魄力，猛勇赴之。虽以身殉，不惜也；虽以利诱，不顾也"。他们舍弃国外的高薪，在毕业后毅然回到祖国，建设中国经济学科。在他们的领导下，南开经济研究所的研究内容一步步向现实深化、向实用进发，以研究本国经济为主体，从社会经济重要问题开始，逐步扩大到"社会学的全部"，以解决当时中国社会存在的各种关系国计民生的问题。

◎木斋图书馆内的经济研究所

南开经济研究所大胆探索与创新，认为"只有在我们研究手段上发生根本的变化，我们才能取得重大的突破"。他们不仅将西方先进的社会调查技术"中国化"，灵活地与中国社会各种传统关系有机结合起来，而且不断对其加以改进与提升，成功地创新"中国化"的社会调研"实证研究方法"，"开创了用计量方法研究中国社会经济问题的先例"，形成自己的"教授负责制"与"项目负责制"本土化调研特色，并加以推广。

南开经济研究所的实际研究主要集中在三个方面，即收集、编纂和分析华北地区的经济统计数字，研究天津地区工业化的程度与影响，研究山东与河北向东北地区的移民问题。在南开经济研究所诸多的研究内容中，"南开指数"的编制和发布工作是重中之重。研究所重视实地调查和以物价指数为主的经济统计工作，编有中国进出口物量指数、华北批发物价指数、天津工人生活费指数、天津外汇指数等，成为当时中国经济统计的权威。

民國二十三年南開指數年刊
（包括批發物價生活費國外匯兌及國外貿易指數）

NANKAI INDEX NUMBERS, 1934

(Of commodity-prices at wholesale, cost of living,
foreign exchange rates, and quantities
and prices of imports and
exports)

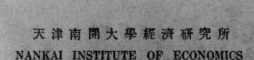

天津南開大學經濟研究所
NANKAI INSTITUTE OF ECONOMICS
Nankai University
Tientsin, China
April, 1935

◎南开指数年刊

　　为及时准确发布南开经济研究所编制的各种经济指数，以及各种分析研究论著，南开经济研究所还编辑出版多种学术刊物，如《大公报经济周刊》《政治经济学报》《南开指数年刊》等。其中，《南开指数年刊》

是当时国内外价格指数研究的权威刊物，在南开经济研究的版图上画上了浓墨重彩的一笔。

与此同时，南开人还将"知中国，服务中国"的宗旨与救亡图存运动相联系。南开师生于民族危难之际，怀揣强烈的民族责任感，以学术来救国报国。

东北作为军事重地，在 20 世纪 30 年代战乱频仍。张伯苓在东北实地调查时，亲眼看到日本人"经营满蒙之精进与野心"。他感慨道："不到东北，不知中国之博大；不到东北，不知中国之危机。"由此，他认为："国人欲愿与之（日本）抗衡，必先明了其经营之内幕不可。"于是，在考察归来后，张伯苓校长立即以南开为基地，组织"满蒙研究会"（翌年改名为东北研究会），意在"专事收集关于满蒙问题之材料，而用科学的方法，以解决中国之问题"。

◎东北研究会成员在黑龙江考察时的合影

为进一步揭露日本侵略中国的意图，东北研究会在不断实地考察、广泛搜集资料的基础上，组织专人从事专题研究，并将各类调查成果发表于《南开双周》"东北研究"专栏上。在其中，东北研究会出版了影响极大的"日本问题专号",刊登《东北金融之现在及其将来》《日本对中国之侵略政策》等聚焦于东北经济与社会问题的论文。

基于以上研究成果,南开大学于 1931 年秋印行了《东北地理教本》,这个时间与九一八事变几乎同时。教本分为上、下两册,包括地理、行政、交通、富源、工业、商业、辽东半岛日本租借地、中东铁路公司与南满铁路公司、东北与国际之关系、东北问题之解决方策等 15 章,同时,将东北研究会工作及计划、国内外研究东北各机构概况作为附录。该书涉及地缘政治、经济、历史、社会、地理等诸多方面,分析了当时东北问题的根源及解决方案,并根据日本在东北的所作所为,揭露其侵略东北的野心,振聋发聩。教本还专辟一章详细论述"东北与国际之关系",直接把东北问题当作国际问题,甚至准确预言了第二次世界大战的爆发。

◎南开学子赴山东农村实地调研

这本"南开独有的教材"是南开系列学校——南开大学、中学、女中、小学的必修课程。由于南开对东北问题的高度敏锐及深入研究,日本人称东北研究会"乃受'赤化'影响",南开大学为"排日之根据地"。南开经济学人在《大公报·经济周刊》上发表研究成果,揭露日本对华经济掠夺的卑劣行径。南开的应用化学研究所还与天津永利碱厂、利中制酸厂等民族企业密切合作,产品质优价廉,打破了日本在华北地区对酸碱工业的垄断,这些都成为日本侵占天津时重点炸毁南开大学的重要原因。

以"知中国,服务中国"为宗旨,南开以大自然为教室,以全社会为教本,利用活的材料来充实学生之知识,扩大学生的眼界。学校从中国的实际出发,取东学精华、将西学"土货","期以教育人才为目的,期引全国人民皆能觉悟",深信师生"将来入社会改造国家,必有成效",在探索中走出了一条独具特色的为国办学之路。

爱国爱群 服务社会

　　校训，是一所学校办学理念和价值追求的凝练表达，是大学精神和学生风貌的集中体现。南开的校训，是在学校的发展过程中不断凝练出来的。"允公允能，日新月异"，短短八个字，包含的是学校创办者痛矫时弊的初心，也是一代代南开人服务社会的热忱。

◎南开大学百年校史展中的校训展板

　　"允公允能，日新月异"校训由公、能、新三要素共同构成，可以简称为"公能"校训或"公能日新"校训。南开在建校之初就明确提出"公能"二义，正如创校校长张伯苓所说，南开学校是因国难而产生，其办学目的就是痛矫时弊、育才救国。

在《四十年南开学校之回顾》中，张伯苓深刻分析"中华民族之大病，约有五端"，即：愚、弱、贫、散、私。其中，"私"是"中华民族之最大病根"，"国人自私心太重，公德心太弱，所见所谋，短小浅近。只顾眼前，忽视将来，知有个人，不知团体。其流弊所及，遂至民族思想缺乏，国家观念薄弱"。他认为"允公允能，足以治民族之大病，造建国之人才"；创办南开的"消极目的，在矫正上述民族五病；其积极目的，为培育救国建国人才，以雪国耻，以图自强"。于是，张伯苓追随严修走上教育救国的道路，并且继承了严修"尚公、尚武、尚实"的教育思想，借鉴欧美学校办学理念，开展自己的教育实践。

早在 1928 年，张伯苓主持制定了《南开大学发展方案》，提出了"土货化"的办学思想，即"以中国历史、中国社会为学术背景，以解决中国问题为教育目标"，并且明确提出了"知中国，服务中国"的办学宗旨，教育需同中国社会相结合，以"知中国"为背景，以"服务中国"为目标，张伯苓的教育思想真正扎根中国大地，以救国报国为目标，公能思想从这里进一步具体化、明细化。

在总结前期办学经验的基础上，1934 年 10 月 17 日，张伯苓在南开学校建校 30 周年纪念会上正式提出了"允公允能，日新月异"的校训。"允公允能"借用了《诗经·鲁颂·泮水》中的"允文允武"的句式。"允"为文言语首助词，是"既""又"的意思。我们可将其理解为"承诺""要求"。"允公允能"旨在培养学生既要有"爱国爱群之公德"，又要有"服务社会之能力"。关于"允公"，张伯苓有着更深远的见解，他在一次修身会上明确指出："允公，是大公，而不是小公。小公只不过是本位主义而已，算不得什么公了。只有允公，才能高瞻远瞩，正己教人，发扬集体的爱国思想，消灭自私的本位主义。"后者"允能"则是强调学生服务社会的能力，医治"愚""弱""贫"。张伯苓说："允能者，是要做到最能。要建设现代化国家，要有现代化的科学才能。而南开学校的教育目的，就在于培养具有现代化才能的学生，不仅要具备现代化的理论才能，并且要具有实际工作的能力。"在当时的学校中，南开是最早在校训中提出"能"的要求的。不光要有为公之精神，更要有为公之才能。张伯苓所谓的"能"，主要是"科学知识"与"民治精神"，它涵盖了学习、道德、创造、心理等多方面的内容，只有具备了这些才能，才能使国人摆脱愚昧，使中国变得强大。唯公能兼济，才是真正的南开人。

"日新月异"，是指每个人不但要能接受新事物，而且还要创造新事物，不但要赶上新时代，还要走在时代前列。"日新月异"代表的是开拓创新、与时俱进的精神，《易经》有云："天行健，君子以自强不息"，张伯苓指出，"南开过去，无时不在奋斗中，亦无时不在发展中，日新月异，自强不息，为我南开师生特有之精神"。

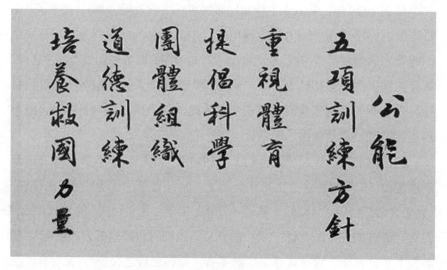

◎张伯苓校长提出的"公能"五项训练方针

公能教育不是空喊口号，为了落实校训精神，张校长还专门提出了五项训练方针——重视体育、提倡科学、团体组织、道德训练、培养救国力量。这五项基础训练"以'公能'二字为依归"，"唯公故能化私、化散，爱护团体，有为公牺牲之精神"；"唯能故能去愚、去弱，团结合作，有为公服务之能力"。而"'公能'校训，必赖此基本训练，方得实现。分之为五项训练，合之则'公能'二义"。如今看来，五项训练方针正对应了德智体美劳全面发展的育人理念，在训练方针的指导和校长的言传身教之下，南开学子全面发展。当时的南开涌现出了一批高素质的运动队伍，话剧、讲演、音乐等课外活动丰富多彩，学生们更是积极投身于爱国民主运动之中。20世纪三四十年代，南开成为当时中国最著名的大学之一。

"公能日新"的校训，有着与时俱进的品格内涵。1939年1月9日，张伯苓邀请周恩来到重庆，向南开师生作题为《抗日必胜的十大论点》的报告。周恩来还结合当时形势对"公能"校训作了新的解释，他讲道："在当前，'公'，就是国家大事，就是抗战到底，取得最后胜利，把日本侵略者赶出我神圣的领土；'能'，就是学习，学好抗日的本领、建国的本领，打倒日本帝国主义，建设一个强大的国家。"

第二天，周恩来应邀出席南开校友总会在重庆的集会，发表《抗战建国与南开精神》的讲话："南开传统的精神为抗日与民主，为苦干、实干与穷干。值此抗战转入第二期之际，望各校友发扬此种可贵的南开精神，为抗战建国而努力。"周恩来的讲话在南开师生和校友中引起了强烈反响，为动员民众抗战、坚定人民抗战必胜的信念发挥了重要作用。

历经百年发展，南开校训在今天依然有着深远的价值。党的十八大提出要在"三个倡导"基础上培育和践行社会主义核心价值观的要求后，学校党委认真思考"公能"校训与社会主义核心价值观的契合点，努力将"三个倡导"融入"公能"校训之中。经过深入学习讨论，学校党委提出：如果把"公"理解为致力富强、民主、文明、和谐的家国情怀，追求自由、平等、公正、法治的社会理想，涵养爱国、敬业、诚信、友善的人生操守，把"能"理解为修身报国、服务社会、践行"公"之价值观的能力，把"日新月异"理解为追求和践行"公能"过程中要与时俱进、开拓创新，那么"公能"校训便可谓社会主义核心价值观的"南开表达"。找到这个契合点，便可把校训的传承、发展与践行作为载体，将社会主义核心价值观有机融入新时代南开的办学实践和师生的校园生活，使之成为指导学校办学、规范师生品行的圭臬。

◎2014 年央视《新闻联播》头条以 6 分钟时长介绍南开校训

2016 年，在全国高校思想政治工作会议上，习近平总书记指出，南开的校训与社会主义核心价值观的内在要求是一致的。中央电视台新闻联播系列报道《校训是什么》，开篇以 6 分钟时长讲述了南开校训。人民日报、新华社、光明日报、经济日报、中国教育报、天津日报等媒体也纷纷聚焦南开校训，用大篇幅予以重点报道，受到全校师生、海内外校友和社会各界的广泛关注。

百年来，南开人秉"大公"，尽"最能"，求"日新"，把小我融入大我。中华民族危急存亡之际，张伯苓校长提出了振聋发聩的"爱国三问"。在他看来，爱国，就是最大的"公"，"学校则教之为人，何以为人？则第一当知爱国"。从建校初期的"文以治国，理以强国，商以富国"，到西南联大时期的刚毅坚卓，再到新时代的南开答卷，爱国始终是南开的精神底色。回顾学校发展历程，南开始终立足国家战略需求，农药攻关、学科调整、三个面向、四个服务，不断提升教学科研水平，服务于国家最需要的领域。

◎位于南开大学八里台校区新开湖畔的校训纪念碑

　　巍巍南开允公能，百年芳华更日新。百年来，杰出校友、杰出楷模周恩来总理的崇高风范，严修、张伯苓等创校先贤为国家办教育的心路历程，马骏、于方舟、郭永怀等南开英烈舍身为国的英勇事迹，杨石先、陈省身、叶嘉莹等学术大师科研报国的奋斗精神，启迪了一代代南开人。

　　南开大学开启了新百年的征程，"公能日新"的精神将继续薪火相传，伴随一代代南开人接续奋斗、矢志报国。

强国、强种、强身

　　"强国必先强种，强种必先强身"是张伯苓校长经过多年的身体力行，依据多年的教育经验，以及多年的考察与深入思考，从民族繁衍、国家未来和国民素质的角度出发提出的体育教育思想。

　　张伯苓校长最早提出中国要加入奥林匹克大家庭，最早参与创建和组织远东奥林匹克运动，最早提倡奥林匹克教育入课本，最早创建中华全国体育协进会，最早促成中国运动员参加奥运会，被誉为"中国奥运第一人"。

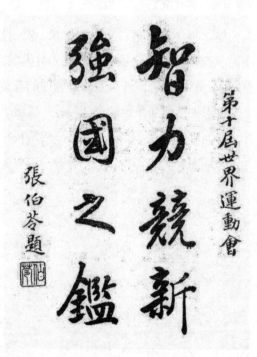

◎张伯苓为第十届世界运动会题词

张伯苓本人身材高大，声音洪亮，人称"巍巍大校长"。在北洋水师学堂求学期间，他便接触到了丰富的体育知识，对体育运动充满了好奇心。同时，他也积极锻炼，切身感受，兵式体操成绩名列全班第一，还擅长爬桅杆。正是从自身的体验出发，他逐渐深入地意识到了体育对于教育的重要性。

早在创立南开系列学校之前，张伯苓曾经执教严氏家塾。执教期间，他便有着超人的胆略和跨时代的体育教育理念。在那个读书人只坐而论道的年代，他常常带着学生们跳高、踢球、赛跑。作为创立了南开大学的著名校长，张伯苓在当时声名远播，他的教育理念也为人所敬仰。而重视体育教育的思想，是他教育理念的重要组成部分。他曾十分笃定地说："不认识体育的人，不应当校长。"

要想一个国家强盛起来，最重要的便是人，而要想培育出真正能够促进国家发展的人才，最为基础的就是身体素质的培育。因为这是一切的基础，有了好身体，人才能走得长远，国家才能够在历史的洪流中把握住命运的桨，驶出厄运与危机的漩涡。同时，张伯苓先生也深刻地意识到，鼓励体育运动正是培育国民民主意识的重要契机。他曾经谈道："民主政治亦是体育精神。体验过体育中的竞争、团结、合作以后，推行民主政治要有力得多。"可见，他深刻地意识到了体育运动对于国民的身体与心灵的双重价值。

从 1909 年开始，他担任了全国运动会的总裁判，并热心地倡导奥林匹克运动，被誉为"中国奥运先驱"。这不仅仅关乎中国体育运动事业发展本身，也关系到中国人的骨气与尊严。1920 年，他参与创办的远东运动会被国际奥委会承认，成为世界第一个与国际奥委会相关联的区域性国际体育组织。1932 年，在张伯苓与张学良以及体育协进会的共同努力下，我国著名短跑运动员刘长春得以赴洛杉矶参与第十届奥运会，虽然结果不尽如人意，但刘长春的出现便已为中国人在世界上争得了一份尊严和荣耀，在那个炮火连天、国难当头的时代，成为振奋人心、鼓舞士气的一大壮举。

有了张伯苓校长的支持，南开体育事业如火如荼地发展起来，在他的发现与关怀下，无数体育教育精英汇聚南开，南开体育创造了辉煌的成绩。其中的代表便是侯洛荀教授与后来被尊称为"中国篮球之父"的董守义先生。

侯洛荀在南开生活工作了整整60个春秋，是一位著名的体育家、教育家。所谓"桃李不言，下自成蹊"，便是侯先生教育生涯的最好写照。1922年，侯洛荀以名列前茅的成绩从南京高等师范学校体育系毕业，因善于足球、赛跑等体育运动，被张伯苓校长聘任为南开第一任正式的体育老师。22岁的侯洛荀把人生最充满活力与朝气的青春岁月全都奉献给了南开体育教育，奉献给了南开学子们。在他的关怀与帮助下，南开大学的四名学生在1929年举办的天津体育协进会一万米越野赛跑决赛中名列前茅，荣获了团体第一，斩获了个人冠军。据学生回忆，侯洛荀每天早晨六点半之前就来校指导练习，十分辛勤，从不缺席学生的训练。正是有了他的付出，才有了那金灿灿的冠军奖章！

◎威震远东的"南开五虎"篮球队

在今天的南开大学校园里，有一条名为"五虎"的道路，那是为了纪念曾经享誉中华的南开篮球队。1928 年，在教练员董守义的悉心指导下，南开篮球队在天津篮球联赛中荣登冠军，代表天津参加华北地区的比赛，后又斩获华北冠军，南下与来自菲律宾的圣堤托马斯大学队较量，以六分的领先战胜菲律宾队，为国争光！胜利的消息传遍祖国的大江南北，南开骄子们在体育赛场的胜利将"东亚病夫"的帽子狠狠地摔在了地上，洗雪了国耻！五名冠军队员刘建常、唐宝堃、魏蓬云、王锡良、李国琛后来被誉为"南开五虎"，是他们为中国历史和中国篮球发展史留下了辉煌的一页！

◎新中国成立之初南开校园内的体育活动

1949 年 10 月，新中国终于建立起来。中国的教育事业也从此有了平稳的走向。南开大学等一批在战乱中辗转颠沛的学校纷纷回到原址复校，继续为新中国的发展培养人才。新中国成立之后，南开大学继承张伯苓老校长的志向，仍然积极鼓励学生参加体育活动，进行体育锻炼。重视体育成为南开大学教育的一大特色，学校甚至规定体育不及格者不能毕业。从 1954 年开始，学校在一批又一批体育精英教师的带领下组织了各种国防体育和普通体育运动队，鼓励学生锻炼身体，并坚持开展早操、课间操活动。一时间，校园里燃起了一股"强身健体，增智报国"的运动热潮。除了学生，教职工也进行工间操、太极拳和武术等锻炼活动，可谓是师生齐上阵，校园里洋溢着一种健康向上的良好氛围。

国防体育是在新中国刚成立之时，一种出于战略筹备的运动教育。在此政策下，南开大学成立了摩托车队和航海运动队。其中，航海运动队训练项目包括了舢板荡桨、驶帆、攀登、撇缆、手旗通讯、游泳、射击等内容，并在天津市1964年航海多项竞赛中获得团体总分第一名的优秀成绩。除了参与比赛，航海训练队在关键时刻也体现出了体育教育的重要价值：1963年，天津地区遭遇了特大洪水灾害，体育部航海队组织了大批师生参与到抗洪抢险工作中，并圆满地完成了抗洪任务，荣获天津市"市级防汛模范集体"光荣称号。

改革开放之后，南开大学走上了高速发展的快车道。如何促进学生综合发展，全面提升学生素质，为中国培养高素质人才成为高校教育重中之重。在此阶段，南开体育教育继续发挥着自己独有的优势，取得了一系列光辉成就。1987年，南开女排成立高水平运动队，并于1989年晋升为全国女排甲级队，2002年代表中国参加第三届东亚运动会排球赛，获得女排比赛冠军，2003年代表中国大学生参加第二届世界大学生运动会并获得女排比赛冠军。一场又一场的比赛，一尊又一尊的奖杯，使得"南开女排"成为一个响亮的名字，扬名中国，更驰名世界！

除了排球运动，南开大学在国际象棋运动中也取得了优异的成就。2001年，南开大学成立国际象棋高水平队，2002年参加第七届世界大学生国际象棋比赛，囊括了男、女个人与团体三项冠军，实现了中国大学生在国际象棋项目上零的突破！2006年，在第三十七届奥林匹克团体锦标赛上，南开王玥同学获得了个人台次金牌。2010年，南开大学国际象棋高水平队获得世界大学生国际象棋比赛男子冠军！

◎2003 年，南开大学女排代表国家参加第 21 届世界大运会，力挫群雄夺得冠军

　　体育强国，除了在国际赛事上摘金夺银之外，更在于对体育运动参与的广泛程度上。推动全民运动，提升国民的身体素质也是体育教育的重要价值所在。对此，南开大学在 2013 年发布了《南开大学关于进一步加强和改进体育工作的意见》，2016 年底，南开大学出台了《关于进一步促进学生体质健康的规定》，积极鼓励学生进行体育锻炼，走向操场，健康生活，并为体测合格的毕业生颁发"体质健康证书"。这一切，都是在努力践行着张伯苓老校长体育强国的宏愿，使得体育精神成为南开永远不会淡去的底色！

　　如今的南开，如今的中国，正在一步步迈向世界，迈向更加美好的未来。百年南开，如今依然骄傲地挺立在津门故地，依然是熠熠闪光的学府北辰。2008 年，中国北京奥运圆满成功，第一次作为东道主参与到奥运会的组织筹备中来；2022 年，中国又第一次承办冬奥会……这一切，不禁让人想起国际奥委会主席雅克·罗格的一番深情陈述："2008 年 8 月，北京市与全中国人民将邀请世界各国人民欢聚一堂，共同庆贺'同一个世界，同一个梦想'的奥林匹克盛事。这个首次在北京举办的盛会，将圆一个中国人——张伯苓先生一个世纪以前表达的梦想，那就是看到他的祖国成为奥林匹克事业的一部分。"

◎南开大学在全国率先向毕业生颁发"体质健康证书"

社会教育之利器

　　巍巍南开，风华百年。南开的校园话剧传统亦绵延了百年。在中国现代话剧史上，南开话剧有着不可忽视的地位。周恩来在南开读书时，积极参与新剧活动，被选为布景部副部长，还参演过《恩怨缘》《华娥传》《仇大娘》等多部新剧。曹禺也是在南开走上了戏剧创作的道路，回忆起自己青春年华中在南开度过的那八个年头，他说："感谢南开新剧团，它使我最终决定搞一生的戏剧，南开新剧团培养起我对话剧的兴趣。"曹禺后来还说到，在南开大学读书时就萌发了创作《雷雨》的想法。

　　1909 年的《用非所学》是南开话剧的起点。回首百年南开的话剧传统，允公允能之精神熠熠生辉。当时国家正处于危急存亡之秋，为了挽救民族的危亡，中国社会的仁人志士开始探索救亡图存的良方。南开校长张伯苓认识到教育对于培养人才的重要意义，他说："自强之道，端在教育；创办新教育，造就新人才。"于是，他开启了艰难的办学之路，希冀以此启发民智，达到改良社会的目的。诚如张伯苓校长本人所言："南开学校系因国难而产生，故其办学目的，旨在痛矫时弊，育才救国。"那么，如何才能培育人才呢？

　　这就要从张伯苓校长远赴海外考察教育的经历谈起。早在 1903 年，张伯苓与严修二人便亲自考察了日本的教育情况并接触到了日本新派剧。1906 年，适逢小剧场运动兴盛，张伯苓又远赴美国、欧洲考察，领略了欧美的教育制度。这两次海外考察经历令张伯苓校长认识到戏剧与教育的关系。在他看来，话剧对社会教育大有裨益，可以担负起救国救民、改良社会的严肃使命。归国后，他从办好教育的目的出发，在南开倡导新剧，旨在练习演讲，改良社会。1909 年南开学校校庆，张伯苓校长亲自编导了话剧《用非所学》，并登台出演主要角色贾有志。这出戏是极为宝贵的。贾有志留洋学习先进的科学技术，本有成才报国的宏图大志，但归国后却走入了仕途。所谓"贾有志"，谐音"假有志"；其师魏开化，谐音"未开化"。这是编剧张伯苓校长有意为之，其中自有深意。中华民族的危难日益深重，张伯苓校长对现实有着清晰的洞见，他希望学生们能够用所学服务社会，做祖国的栋梁之材，而非蝇营狗苟之辈。因此，这出戏的立意就是为了讽刺那些立志救国，但其实只在乎个人利益的堕落腐化之徒。张伯苓校长同时也将自己对社会的认识，对教育的理解与期待融入了创作："用非所学"乃教育的失败，学校教育应当培养经世致用的人才。这对现如今学校教育中存在的问题依然具有启发作用。《用非所学》演出后，时人惊骇不止，认为有失体统。这是因为，演剧在当时原本是一种低贱的职业，张伯苓以校长身份担任戏中主要角色可谓史无前例。但张伯苓校长对此却有独到的见解："世界者，舞台之大者也。其间之君子，小人，与夫庸愚、英杰，即其剧中之角色也"，"诸生可谓新剧中之角色，且可为学校中、世界中之角色矣"。其言谆谆，其意切切。

《用所非学》公演后，"鉴于新剧可作社会教育之利器"，南开学校确立了每年校庆日演剧的传统，"岁演一次，社会一观，以此而欲期以开民智，进民德"。为了保证演出质量，张伯苓校长亲自抓剧本创作。于1913年南开校庆日公演的《新少年》教育意味更浓。南开通过这一剧目回答了时代之问：学校教育应当培养出怎样的"新少年"？张伯苓将自己的期待融于话剧创作：希望学生们能像韩有志一样，勤奋好学，家贫但有志气；希望学生们能像高义一样，有急人所急、慷慨相助之义气，将所学运用到实际，为国效力。之后一年，南开新剧团正式成立。作为中国本土第一个正式的学校剧团，南开新剧团揭开了中国校园戏剧的序幕。张伯苓校长充分认识到新剧可作"社会教育之利器"，他说："戏园不只是娱乐场，更是宣讲所、教室，能改革社会风气，提高国民道德。"受老师影响，周恩来总理亦在《吾校新剧观》一文中谈及新剧与社会教育的关系，"而通俗教育最要之主旨，又在舍极高之理论，施以有效之实事。

若是者,其惟新剧乎!"对于新剧的力量,他说:"纵之影响后世,横之感化今人,夫而后民智开,民德进。"推行新剧的目的在于普及教育,振兴教育,有助于"感昏聩,昏聩明;化愚顽,愚顽格"。李大钊更是盛赞南开话剧为"激励民气除旧布新"的利器。

1916 年,张伯苓校长胞弟张彭春自美国学成归来,为南开话剧注入了新的活力。张彭春是将西方导演制引入中国的第一人,为中国话剧的现代化作出了不可磨灭的贡献。其在南开所执导的第一部话剧《新村正》(1918) 被誉为"中国新剧最合西洋新剧原理的杰作",具有划时代的意义。这主要是因为,张彭春运用崭新的现代西方戏剧理念和导演方法,将西方的悲剧观念同我国社会现状结合,直接将普通百姓受封建势力和帝国主义势力联合压迫的丑恶现实暴露出来。中国现代戏剧从此迈入了新的阶段。五四运动前后,南开新剧犹如一股新潮,在华北名声大振。

◎张彭春指导曹禺表演话剧《财狂》

此后多年间，南开剧团知名演员星散，虽然上演过精彩剧目，但已不复往日盛况。1926 年，张彭春辞去清华大学教务长职务，重新回到南开指导话剧。1935 年，由其指导的《财狂》公演，南开演剧活动到达了新的高度。关于话剧，张彭春说："话剧之能描写现代人的生活，批判现实生活的缺陷，以及指示现代人前进方向，较之歌剧是有力量得多。"关注现实一直是南开话剧的主旨。张彭春的开拓之处在于，他广泛吸纳各国剧作家和戏剧评论家的剧作与理论著述，格外重视话剧的审美艺术与舞台演出，领时代之先，为中国的话剧事业培养了大量剧作家。对于恩师张彭春，曹禺在《雷雨》剧本的扉页上深情写道："末了，我将这本戏献给我的导师张彭春先生，他是第一个启发我接近戏剧的人。"

◎联大剧艺社演出自编的反内战话剧《凯旋》

1937 年，抗日战争全面爆发。南开校园遭日寇炮火蹂躏，被迫迁至昆明，与北大、清华组成"西南联合大学"。南开中学则迁至重庆，后改名为重庆南开中学。战火四起，斗转星移，虽然南开新剧团随着校址南迁而被迫解散，但是南开几十年的演剧传统并未从此中断。以南开大学学生为骨干，西南联大组织成立了联大剧团。作为抗日救亡的重要一环，南开话剧运动在祖国西南边陲的土地上如火如荼地开展。《祖国》是联大剧团第一次公演的剧目，这出戏讲述了这样一个故事：在日寇占领的某个城市，一位大学教授与学生、工人们置个人安危于不顾，与日寇顽强斗争，以身殉国。这部以抗日救国为内容的戏，教育意义深刻，深深打动了观众的心，轰动昆明。此后，借着曹禺的到来，联大剧团演出了《原野》《黑字二十八》等以抗日救国为主题的话剧，把昆明抗日救国的进步戏剧运动推向高潮。在战火纷飞的动荡年代，南开师生艰难摸索，同声歌唱，他们呼吁抗日救亡，喊出"反对内战"的口号，道出人民的心声。

◎"共和国的脊梁——科学大师名校宣传工程"立项项目原创话剧《杨石先》公演

　　使命于行，初心长明。南开话剧始终与南开的办学育人紧密结合在一起。浸润于百年南开的爱国主义传统，南开话剧独立于商业化浪潮，完成了时代赋予话剧的历史使命，相继培养出曹禺、黄宗江、张平群等众多戏剧家，为中国话剧的现代历程开辟了一条新路。它幕启于张伯苓校长开启民智、改良社会的救国理想，轰轰烈烈地走过五四运动大潮，在张彭春先生的锐意改革下沉潜蓄势，于艰难岁月里激励着中华儿女砥砺前行。百年南开的话剧史是一段百花齐放、能人辈出的历史，南开学子以话剧艺术为形式，谱写了一篇篇爱国主义的壮丽史诗。《用非所学》《箴膏起废》《影》《新少年》《恩怨缘》《一元钱》《凯旋》《周恩来在南开》《红旗谱》《杨石先》《张伯苓》……通过一幕幕重演的话剧，南开学子怀家国、议古今、慕英雄、论实事，将南开的话剧传统传承下去。

亦将为中国未来大学之母

我们要希望大学能办得欧美那样好，能发扬中国固有的学术，不能不属望于私立的南开大学了。南开师生有负这种责任的义务，如是南开大学不独为中国未来私立大学之母，亦将为中国全国大学之母。

1921 年 9 月，成立仅三年的南开大学邀请梁启超参加大学部的开学式。梁启超欣然前往，并在会上发表演说，盛赞年轻而充满希望的南开。梁启超还鼓励南开学子说："我盼望诸君不要怕难，奋兴起来，一面发扬我国祖宗传下来的学业，一面输入欧西文化，这样责任不能不望之于中国私立的南开大学了。"

南开之所以能够得到这样的盛赞，就在于这所学校在内忧外患中开办并能够快速发展，而其中的关键，也正是由于拥有了一批像梁启超这样的高素质教师队伍。事实上，这不是梁启超第一次来南开，也不是最后一次。

1921 年 9 月 12 日，梁启超来南开大学讲学。梁启超为全校学生开设必修课"中国文化史"课程，每周一、三、五下午四时至六时正式开讲，以"中国历史研究法"为题，后来每周又增加两个小时。梁启超本就文采飞扬，每次连续讲演两个小时，毫无倦容。他讲课很有吸引力，听讲者不仅有南开学生，数百位天津市民也来听讲。这份课程的讲稿，后来被整理为一本书《中国历史研究法》。梁启超在这本书的自序中写道：

客岁在天津南开大学任课外讲演，乃衰理旧业，益以新知，以与同学商榷。一学期终，得《中国历史研究法》一卷，凡十万余言。

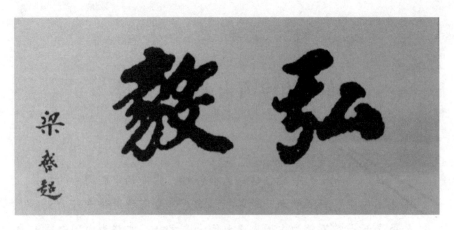

◎1927年10月梁启超为南开学校建校23周年纪念手书"弘毅"二字

此后，梁启超还多次应邀到南开讲学。如1921年11月演讲《市民与银行》，1922年2月在开学仪式上讲《青年元气之培养》，同年7月在暑期班讲《教育家的自家田地》。1927年10月，梁启超为南开23周年校庆手书"弘毅"二字，并题《祝词》："频年丧乱频仍，全国教育破产，本校实岿然鲁殿灵光。任重道远，薄海属望。愿以此两字，与多士共勉也。"

南开重视师资队伍建设。校长张伯苓从学校长远发展出发，在建校之初就提出"大学最要者即良教师"，主张从实际出发，建立一支精干的教师队伍。学校在积极延聘人才的同时，还注重对青年教师的培养。这一远见卓识之举，汇聚了一批优秀人才执教南开。20世纪二三十年代，姜立夫、邱宗岳、饶毓泰、杨石先、司徒月兰、应尚德、李继侗、徐谟、蒋廷黻、何廉、方显廷、张纯明、陈序经、李卓敏、凌冰、黄钰生、张彭春、冯文潜、柳无忌、张克忠、张洪沅、章辑五等一大批名师云集南开。竺可桢、汤用彤、范文澜、萧公权、李济、董守义等人也都曾在南开短期任教。

文科兼职教授 梁启超　　算学系主任 姜立夫　　物理系主任 饶毓泰　　**化学系主任 邱宗岳**

理学院院长 杨石先　　英文系教授 司徒月兰　　文科主任 蒋廷黻　　国文教授 范文澜

哲学教授 汤用彤　　政治系主任 萧公权　　文科主任 李济　　哲教系主任 冯文潜

化学系教授 张克忠　　商学院教授 方显廷　　生物系主任 李继侗　　商学院院长兼经济研究所所长 何廉

英文系主任 柳无忌　　化学系教授 张洪沅　　气象学教授 竺可桢　　政治系讲师 罗隆基

电机工程系教授 孟广喆　　商学院教授 陈序经　　文学院院长 张纯明　　政治系主任 徐谟

◎20世纪二三十年代南开名师云集

"见其生徒好学若饥渴，孜孜无怠意，心焉乐之"，是范文澜对其任教南开时的快乐时光的回忆。1922 年下半年，应张伯苓校长的邀请，范文澜来到天津，先任南开中学国文教员，1925 年被聘任为南开大学教授。在南开的五年，也是范文澜学术逐渐走向成熟的五年。1925 年 10 月，他出版了《文心雕龙讲疏》，这是他多年研究经史文学的成果。他笃实的作风、扎实的功底和严谨的学术态度，让他渐渐在国内文史学界崭露头角。1926 年，范文澜加入中国共产党，负责学校党的工作。1927 年，白色恐怖笼罩大江南北，范文澜在南开师生的帮助下，逃脱反动军阀的追捕。

1926 年，从耶鲁大学获得博士学位的何廉怀着学成报国的满腔热忱来到南开任教，甫入校园就对其留下了深刻印象。他在《说校风》一文提到："学生多志于学，而无嚣张之气、奢侈之习，此南开之校风也；老成持重，具有自治之精神，做事负责，而无推诿之陋习，此又南开之校风也。"何廉勉励学生们不要满足于现状，应该努力不懈地追求真知和力行实干。何廉将市场指数调查的理念引入国内，并主持编撰了"南开指数"，这在当时极具权威性，可谓开辟了历史的先河。他始终都将立足中国国情、研究中国实际问题作为自己的研究课题和服务对象。何廉对教学充满了热情，对学生充满了热切的期望。据说，他在南开任教时每逢放假停课便唉声叹气，并说："唉，又放假了！"传道受业之意犹未尽可见一斑。

英国文学研究家、著名翻译家柳无忌接任南开大学外文系主任时年仅 26 岁。他教的课程多，范围广，有英国文学史、英国戏剧、文学批评以及现代英国文学，还兼大一英文。他说："抗战前在天津南开大学任职 5 年，不仅为我教学生涯的开始，也给我与在世八十余龄长期旅程中至今未能忘怀的最美满、愉快、珍贵的经历。"在此期间，他的父亲柳亚子曾到天津看望儿子，在南开大学小住数日，与张伯苓校长多次"晤谈甚欢"，并赋诗道："汽车飞驶抵南开，水影林光互抱环。此是桃源仙境界，已同浊世隔尘埃。"将学校比作"桃园仙境"，称赞南开"树人树木百年才"。

化学系教授邱宗岳"一堂课换来一栋楼"的故事，是早期南开大学发展历程中的一则佳话。邱宗岳是清末最早一批出国学习理工科的留学生之一，获得克拉克大学博士学位后，应张伯苓校长邀请来到南开，并创办了化学系。当时，南开大学化学系是继北京大学之后成立的国内第二个化学系。1922 年 12 月，罗氏基金团派驻华代表到南开大学考察理科教学情况，提出要视情况决定是否捐款。张伯苓校长将讲课任务交给了邱宗岳，并嘱咐道："他们要听你讲课，你可关系重大啊！"当日，邱宗岳气定神闲地走上讲台，一堂别开生面的全英文授课给考察人员留下了深刻印象。他们赞叹不已，说："在美国大学里也很难听到这么高水平的授课。"不久，罗氏基金团捐款 12.5 万元，用于科学馆的建设和仪器设备的购置。之后，实业家袁述之先生奉母之命，为学校慨捐 7 万元建筑费，使科学馆得以顺利兴建。楼成，命名为思源堂。后来，这座楼也是 1937年日寇毁校时南开大学唯一未被炸毁的建筑，现在仍伫立在八里台校区的东南角，见证着学校的发展。

◎1925 年南开大学思源堂（科学馆）建成

　　国际数学大师陈省身曾经说过，早期南开大学数学系是"一人系"。

这个"一人"，就是南开大学数学系创始人、理学院奠基人之一的姜立夫先生。姜立夫 1922 年到南开大学任教，是数学系的顶梁柱。当时，他根据学生情况轮流开设各门主要课程，如高等微积分、立体解析几何、投影几何、复变函数论、高等代数、N 维空间几何、微分几何、非欧几何等等。姜立夫掌握的数学知识是很广博的，这也是当时南开大学数学系虽然教授很少但能保证较高教学质量的一个根本条件。据陈省身回忆："南开的数学系那时以脚踏实地见长。姜立夫先生教书是极为认真的，每课必留习题，每题必经评阅。"

陈省身的同学，同为南开大学杰出校友、被称为"中国物理学之父"的吴大猷，对当时南开教风、学风同样印象深刻。他说，论历史、规模和师资阵容，南开与北大、清华不能比拟，但社会、政府为什么重视南开？"无疑的，我认为是他的教授和课程的高水准。"吴大猷与南开的渊源极其深厚，他先后就读于南开中学、南开大学，毕业之后便留校执教，在南开度过了整整十个春秋。吴大猷师从著名物理学家、南开大学物理系创始人饶毓泰先生，而他与爱妻阮冠世也相识于南开。他的师长、爱人、挚友，以及难忘的青春岁月，都刻印着深深的南开印记。吴大猷深情地谈过自己对南开的感情："在南开的岁月是性格、习惯的形成，求学基础的训练的重要时期。……这十年决定了我这一生的为人和工作。"

正是因为有了这样一批名师，在当时，南开大学的教育效能之高为国内大学所称誉，教学水平在近代中国教育史上占有突出地位。厚基础、博知识、强能力、高素质、严要求……这些都为培养高质量的优秀人才创造了条件，学校的教育质量广受好评，毕业生的学习成绩单被美国、英国的大学承认，准予攻读高级学位。

"所谓大学者，非谓有大楼之谓也，有大师之谓也。"十年树木，百年树人，悠悠岁月，巍巍南开。有这样一些名字至今仍在熠熠生辉，一代代大师在南开呕心沥血，谆谆教诲，传承着文化的根脉，续写着教育革新的传奇。毕生做学问，寒暑育英才。他们的人格魅力、奋斗精神、治学态度和学术成果铸就了南开厚重的根基，哺育了一批又一批的莘莘学子。

◎20 世纪二三十年代南开大学上课时的情景

报国行

毋忘国耻 收复失地

1931年9月18日，是中国历史上一个沉重的日子，这一天，日本侵略者发动了震惊世界的九一八事变，此后，我国东北的大好河山便在日寇的铁蹄下备受蹂躏，三千万民众生活于水深火热之中。三年后，于天津召开的第十八届华北运动会上，由南开大学、南开中学、南开女中的几百名学生组成的啦啦队，在开幕式现场使用紫白两色的小旗打出"毋忘国耻""收复失地"的标语，引起全场轰动。许多人被学生们强烈的爱国心打动，流下了激愤的泪水，燃起了抗日救国的热情。

◎南开学子在华北运动会上打出旗语

故事要从 20 世纪初说起。那个时候，中国出现了许多颇具规模的体育赛事，包括远东运动会、全国运动会等，而华北运动会则在地区性运动会中独占鳌头。从 1913 年到 1934 年，华北运动会共计举行了十八届，其中以南开为基础由天津主办了三次，每次都是张伯苓担任运动会会长和总裁判，每次都在南开学校大操场举行，并以南开体育事务所为运动会办事机构。

1931 年，九一八事变爆发，张伯苓立即召开全体师生大会，发表题为"东北事件与吾人应持之态度"的演讲。他说道："中国之前途较日本有为，吾不应畏日人"；"望国人万事求己，切忌倚人为助"。张伯苓校长还要求南开学生把此次国耻"铭诸心坎，以为一生言行之本，抱永志不忘、至死不腐之志"。

在九一八事变爆发三天后，南开大学学生组织国难急救会，在校园挂出一副对联："莫自馁，莫因循，多难可以兴邦；要沉着，要强毅，立志必复失土"，并推选张伯苓为该会主席。以此为基础，南开大学师生不断开展抵制日货、请愿游行、募捐义演、慰问抗日军队等活动，成为天津市开展抗日救亡运动中心之一。1932 年，在九一八事变一周年之际，南开大学校钟先敲九响，次敲一响，再敲八响，用以警示国人，勿忘国耻。

1934 年，华北运动会在天津的河北省体育场召开。当时，正值时局动荡时刻，东北沦陷后，华北形势渐趋危急，华北民众抗日情绪十分高昂。也正是在这一届的华北运动会开幕式上，南开啦啦队上演了一曲爱国抗暴之歌。

南开同学为迎接第十八届华北运动会，正式组成了南开学校啦啦队。大学、男中、女中、部分毕业校友纷纷报名参加，校父严修之孙严仁颖担任大队长，娄光后、张亦减、卢开周任小队长。男中部同学组成排字组，并由男中部军乐队为啦啦队伴奏。

运动会开幕前的一个月，在严仁颖的带领下，啦啦队的同学们每天午饭后，借南开女中礼堂练习。训练紧张而有序。其中，排字组的训练最为艰难。按设计，男同学坐在中央，女同学分坐两旁；男同学负责组字，每人手持两面小旗，一紫，一白，在固定座位上，分别举出某色旗帜，以组成相应的口号文字。因为时间紧、人数多，队员们不易组织和协调。但数百人的啦啦队在排练的紧张时期，没有一个人请假。

开幕式当日，由数百名南开同学组成的啦啦队，手持紫白两色小旗，在有节奏的哨音和三角旗指挥下，连续组成"毋忘国耻""收复失地"等口号。是时，全场三万余名观众，"先是愣住了，一声不响，紧接着是狂风骤雨般的掌声"。

随着小旗颜色的变化，南开啦啦队发出铿锵有力的喊声：

华北会，十八届/锻炼好身体/休把别人赖/收复失地在关外/收复失地在关外；

十八届，华北会/大刀带长枪/熊腰又虎背/敌人见我往后退/敌人见我往后退。

开幕式进行当中，当东北和察哈尔运动员相继通过主席台的时候，南开啦啦队一齐高呼：

练习勤，功夫真/东北选手全有根/功夫真，资格深/收复失地靠咱们；

察哈尔，有长城/城里城外学英雄/要守长城一万里/全凭你们众英雄。

南开学生此举，一时间激起在场同胞同仇敌忾的强烈共鸣和爱国热情。运动员、来宾和观众都激动地鼓掌，只有主席台上应邀参会的日本驻津总领事脸色大变，愤然离席。之后，日本驻津司令部向天津交涉司提出所谓"抗议"，转天日本驻华大使馆也向南京政府外交部提出抗议。

南京国民政府要求张伯苓校长采取约束学生的行动。张校长就将啦啦队负责学生找来，头一句话便说"你们讨厌"，第二句说"你们讨厌得好"，第三句是"下回还那么讨厌"，"要更巧妙地讨厌"。这三句话是张伯苓对南开啦啦队爱国行为的肯定，更是对南开学生爱国义举的支持。

南开人的爱国救亡行动不止于此。早在中国共产党成立前，南开大学首届学生周恩来就于 1919 年 9 月发起成立觉悟社，传播马克思主义。1921 年春，周恩来在法国加入巴黎共产主义小组，成为中国共产党第一批党员。

1921 年中国共产党成立后，在北方建立了北京地方执行委员会，李大钊任书记，领导天津党的工作。1923 年，南开大学学生于方舟、陈镜湖经李大钊介绍加入中国共产党。1924 年 3 月，中国社会主义青年团天津地方执行委员会成立，于方舟当选为委员长，南开大学学生王乃宽当选委员，同时青年团南开大学支部开始筹建。同年 9 月，中共天津地方执行委员会（以下简称"天津地委"）举行成立大会，选举于方舟为委员长，天津地方党组织正式建立。

天津地委成立后，党在南开的影响日益扩大。1926 年，南开大学教师范文澜加入中国共产党，在天津地委领导人傅茂公（彭真）的直接指挥下，开展学校党的工作。1927 年蒋介石发动四一二反革命政变，奉系军阀在天津大肆屠杀共产党人和革命志士，南开大学一名学生被捕，党组织遭到严重破坏，范文澜经张伯苓校长协助离开天津，但党的活动基本上没有中断。

1927 年 8 月，中共顺直省委成立，天津地委改为天津市委，为恢复和建立党的各级组织做了大量工作。1929 年 8 月，中共顺直省委在工作大纲中明确提出，要加紧建立南开大学等校的党支部。1932 年，中共天津市委与南开等校建立了联系。此时，南开大学有陈宝诚、苏征祥、阎沛霖等四五名党员和数名共青团员。同时，南开大学还建立了党的外围组织"反帝大同盟"。据中共天津市委组织部等编写的《中国共产党天津市组织史资料》记载，1933 年 5 月，中共天津市委领导有八个支部，南开大学党支部就是其中之一。

◎为声援一二·九运动，反对日军增兵华北，南开大学学生参加示威游行

　　不久，天津的党组织又遭到破坏。学校中的共产党员在白色恐怖中坚持斗争。1935年秋，沙兆豫（吴寄寒）、李明义（李哲人）等共产党员入学，在学生中组织"铁流社"，秘密学习马克思主义。在同年爆发的一二·九运动中，党组织带领南开师生举行了声势浩大的抗日爱国游行。1936年，党组织带领南开师生在"铁流社"的基础上组建了南开大学的"中华民族解放先锋队"。同年，朱家瑜（朱丹）、程人士（程宏毅）、贾明庸（秦雨屏）、刘毓璠等先后入党。7月，中共南开大学党支部成立，程人士（程宏毅）任书记，隶属该支部的党员有五人。

　　西安事变和平解决后，南开大学的王绶昌等三位学生代表参加向国民党三中全会献旗请愿活动，旗上写着"团结抗日，一致对外"。虽因政府阻挠，学生们未能将旗帜送入会场，但这一举动却扩大了抗日民族统一战线政策的影响。

　　抗战中，具有光荣爱国主义传统的南开大学，涌现出不少抗战英烈和动人事迹，展现了"中华不亡有我"的气概。

　　1922年，21岁的陈镜湖考入南开大学。1923年，经李大钊介绍，陈镜湖与于方舟等同志一起加入中国共产党。九一八事变后，陈镜湖领导热察绥地区的抗日救亡工作。1933 年初，他奉党的指示，到张家口以抗日同盟军参议的身份，参与冯玉祥领导的察哈尔省抗日同盟军的筹备工作。5 月 12 日，在去张北县点验抗日武装途中，陈镜湖遭到当地反动民团袭击，不幸牺牲，年仅 32 岁。

南开大学早期党组织创始人之一、商学院经济系学生刘毓璠在七七事变后毅然从军，奔赴抗日前线，到达山西八路军总部。1942 年 5 月，侵华日军以摧毁八路军总部和主力一二九师为目的，发动"五月扫荡"，血洗太行山。5 月 25 日，为掩护军民突出重围，刘毓璠在左权副参谋长指挥下随军作战，27 岁的他在十字岭掩护主力部队突围时壮烈牺牲。

后来成为中科院院士、南开大学化学学院教授的申泮文当时还是一名南开学生，日寇炸毁南开后，他南下参加了淞沪会战。在其执教生涯中，申泮文坚持在广大师生中大力宣传南开的爱国主义教育。从 1987 年起，申泮文利用自己收藏的图片资料，每年举办爱国主义教育展览，他说：我们每个人都应该当爱国主义教育的践行者——我们办教育就是为了建设国家，只有每个人都爱国，国家才有希望。

回眸百年间，南开走出了一条与国家民族休戚与共的爱国奋斗之路，这些公能兼备、爱国奉献的南开人，这些有情有义、有志有节的南开人，用最美好的青春年华，在新中国的建立和建设过程中，谱写了一曲"美哉大仁智勇真纯"的英雄赞歌。

不服输的中国人

  1937 年，日本军方召开了一场无耻的新闻发布会，他们毫不掩饰地在会上提出了想要除掉南开的打算。著名记者爱泼斯坦详细记录了当时的会议情景：

  下午，一片寂静，外国记者被请到日本人的新闻发布会议室。

  "先生们"，一位在英国受过训练的，衣冠楚楚的日军上尉说："今天，我们要轰炸南开大学。"然而，一天前，他还谈到他可能被杀呢。

  "为什么？"外国记者异口同声地问。

  "先生们，这是因为暴乱的中国人在那里保持着军队。"所谓"暴乱的中国人"，并非用词不当。这是日本新闻发言人惯用的一个词，用来指中国军队。

  "不"，一位记者说，"今天早上我曾在那里，并没有看到任何军队"。

  "但那里的建筑很坚固，非常适于防守，中国人将利用它们。"
  "你怎么知道？"记者冒失无礼地问。

  "如果我是中国司令官，我会利用它们。"日本上尉满不在乎地说。"先生们，南开大学是一个抗日基地。凡是抗日基地，我们就要一律摧毁。"

  "你这是什么意思？"

  "南开学生抗日拥共，他们老是给我们制造麻烦。"

  "但是，上尉，现在校园内并没有学生，目前正放暑假，空无一人。"

上尉真的发怒了。他说:"先生们,我是一个军人。我告诉各位,今天我们要炸毁南开大学,因为他是一个抗日基地,所有的中国大学都是抗日基地。"

"那么,日本军队将要轰炸中国所有的大学?"

"请原谅我。"

这是日军有预谋地发动对南开大学的轰炸的证据,是历史的罪证。

◎著名记者爱泼斯坦在《人民之战》中记录了日军轰炸南开的罪行

1937年7月29日、30日,日军轰炸、焚烧、掠夺南开大学。图书馆、秀山堂等相继被毁,校园化为一片焦土。

轰炸当天,南开学子慧珠和同学们正在秀山堂内,紧张地听着日军轰炸机的轰鸣。

"轰,轰,轰!"

"怎么办呢……先生，大炮都往我们八里台子这儿打呀！"一位校工突然进入房间，面色苍白地看向慧珠等人。轰鸣声伴着校工的话语传入他们耳中，这句话提醒了他们。决不能坐以待毙！虽然外面同样是炮火，稍微不慎就会葬身于南开园，但在室内虽然有建筑带来的虚假"安全感"，但躲着就是等死，而这样的火葬与牺牲，似乎是太不值得，太无谓的。他们不能听天由命，直接认输！于是师生经过临时紧张的决议，决定冒险从后门逃出火线。

怀着忐忑的心，慧珠踏出了第一步，走出大门，忽然"轰"的一声，一枚炸弹在不远处爆炸，慧珠被吓回了屋，胸脯起伏着，心跳得更厉害。如此反复几次，慧珠他们进进出出，一直到了下午四点钟。时间不等人，在屋内停留的时间越久，葬身于此的概率也就愈大。慧珠想，"难道我们要屈服于自己的恐惧，屈服于日寇的炮火吗？不，我们绝不认输"。慧珠鼓起勇气，拍拍胸，紧紧拳，一鼓作气直奔后门，急忙上了小船。然而炮弹像生了眼睛一样，直向他们追逼而来，一个，两个……越逼越近，有一颗竟恰巧在小船附近的河岸上猛烈地爆炸了。炸弹的余波搅起了水面的翻涌，"扑通"，一位职员掉到了水里，狠狠呛了几口黄泥水，同学们连忙将他拉了上来。

小船驶出不过五分钟，一枚炮弹击中了秀山堂的楼顶，轰的一声，一团团黑烟从楼顶冲出来，熊熊的火光也跟着冒上来。慧珠的瞳孔中倒映着秀山堂，但那影子逐渐暗淡了，模糊了，消失了。小船上，每个人眼角都挂着辛酸的泪珠，眼眶一圈圈地泛红。遥望那 30 年来南开校长、教职员、学生们努力结晶的秀山堂的所在，现在只冒着团团愤怒的烟和火了。

老校长多方筹款建设的教学楼，毁灭了；哺育了一代又一代南开人的图书馆，不见了；碧波荡漾的南马蹄湖，轰平了；承载了学生无数记忆的宿舍楼，炸毁了……面对着满目疮痍，燃烧在南开园里的大火点燃了慧珠心中的怒火："啊！全天津，全中国同胞都遥望着烟火而激愤呀！"她环望着眼前的废墟，突然眼前一亮，她发现秀山堂的水泥钢骨还巍然屹立，就像他们从这场灾难中存活下来了一样，就像在宣告着"巍巍南开精神"永远不会被磨灭。

◎被日寇炸毁的秀山堂

　　是的，炮火无法磨灭南开精神，也永远无法让南开人认输。在敌军的轰炸机肆意毁坏南开园时，南开大学的师生表现出一种不服输的精神。秘书长黄钰生、理学院院长杨石先、斋务负责人郭屏藩（郭平凡）等冒着生命危险坚守学校，直至日军迫近情况危急才无奈撤退。撤离南开校园时，黄钰生浑身泥水，一脸烟尘，满头乱发，眼镜架只剩下一条腿儿，自己家顾不上，连一身换洗衣裳都没拿，手中却提着南开大学的全部"家当"——一大串钥匙。事后当黄钰生见到张伯苓，交上这串钥匙时说："我未能保护好南开大学，但我把南开各楼室的钥匙全部给您带回来了，我的历史任务完成了。"张校长眼含热泪，握着他的手说："子坚，你辛苦了。"也正是这样一群不服输的南开人，使得张伯苓老校长听闻南开大学校舍被毁时，虽然"一时几难自持"，但在接受记者采访时仍然能够坚定地表示："敌人此次轰炸南开，被毁者南开之物质，而南开之精神，将因此挫折而愈益奋励。"

　　事实上，南开人也没有让老校长失望，南开之精神，确因遭受磨砺而愈发坚韧。在抗战胜利后的南开校友会上，中央通讯社唐际清在致辞中说："据我所知，抗日战争胜利后，在被立案惩处的汉奸之中，没有一个是战前的南开学校毕业生。"这个结果让老校长为之自豪，也会让日军感到羞赧。日军认为南开大学是抗日基地，消灭了南开大学就能消灭这个抗日基地，但事实如他们所愿吗？显然不是。物质的土壤虽被摧毁，但心灵的种子从未停止生长、蔓延。南开大学学子不向日本侵略者认输，数届学子中，无一人成为汉奸。校友集会讨论南开重建工作，学校大部分地下党组织成员、"民先"队员分赴各地参加抗日。庶务科、会计科二三人留守天津，借用法租界巴黎道青年会处理学校善后事宜。一部分教师随经济研究所和化工系迁往重庆，绝大多数师生辗转南迁，加入长沙临时大学，在战火和困境中，弦诵不绝，薪火相传。日寇能把我们的校园炸平，我们就能在废墟上，浇灌出一朵鲜花。

◎学校被炸后校友集会讨论重建南开

　　南开学子这种不服输的精神的根源，是一种深深的爱国主义精神。20 世纪初，神州大地千疮百孔，东方巨龙遍体鳞伤。南开大学建校的最初目的，便是救亡图存。南开师生用张伯苓校长的"爱国三问"不断扣问自己的灵魂。所以，当日军炮火来临时，他们坦然应对；面对威逼利诱时，他们拒不投降；当祖国人民需要时，他们挺身而出……对于侵华日军，他们决不言败，永不服输。

而南开学子的身上，是千千万万个不服输的中国人的身影，抗日战争把中国人拧成了一股绳。张伯苓老校长说过："今日之中国已为新中国，吾人已变成新中国人，以前吾人均有三大病：一为怕，二为退，三为难，即遇事来就怕，怕而退，退而觉所有各事都难，结果什么事都办不成。自从抗战爆发以后，可以证明国家变了，第一因不怕日本凶，再即不因日本之用强力压迫而退却，三不怕一切艰难。"由怕到不怕，也就是由服输到不服输，这是民族救亡复兴的转折点，因为"中国只要想打，一切都有办法。无论如何想，中国都不会亡国"。

"到南大来，要读书，要做实验，要守规矩，要受考试，怕难的不必来，求安逸的不必来，要奉承的不必来，服了这口气的不必来。"黄钰生先生的话道出了南开人不服输精神的内核——"服了这口气的不必来！"是的，南开人是永不服输的！中国人是永不服输的！

多难殷忧新国运

西南联大诞生于国家风雨飘摇之际，成长于神州千疮百孔之时，由清华大学、北京大学、南开大学联合组成，在日寇的炮火轰鸣声中刚毅坚卓、弦歌不辍，获得"内树学术自由之规模，外来民主堡垒之称号"，为国家培养了一大批栋梁之材，其成就举世瞩目。正如南开大学秘书长黄钰生先生所说，"南开坚定如山，北大宽广如海，清华智慧如云"，风格迥异但又都"刚毅坚卓"的三校的联合成为西南联大获此成就的基础。

◎西南联大校门

在那样一个"多难殷忧"的年代，教授们有时也得靠典当旧衣物等过日子，本就破败的校园建筑常遭日机轰炸。然而，没有大楼，却有大师，群贤毕至，人才济济，硕果累累。为了"新国运"，学子们有的弃笔从戎，保家卫国，捍卫着祖国的疆土；有的不着戎装，以笔为矛，赓续中华民族的文脉。

1937 年，南开大学在日寇炮火下化为一片废墟，被迫南迁，先与北京大学、清华大学合组成立了长沙临时大学。不久，南京失守，武汉告急，长沙不稳，于是三校决定再迁昆明。条件艰苦，路途艰险，但无人抱怨，他们想的是"非兴即亡，不兴必亡"。有的教授临行前在家书中写道："抗战连连失利，国家存亡未卜，倘若国破，则以身殉。"于是师生分三路入滇，其中一路由三校 300 余名师生组成湘黔滇旅行团，跋山涉水，徒步走到昆明。

◎1938 年黄钰生（右一）与湘黔滇旅行团中的南开学生在贵州盘县

肩挂油纸伞，身挎干粮袋，手提水壶，这是当年徒步前往昆明的师生的标配。一路上，他们栉风沐雨，翻山越岭，横流激渡，晓行夜宿，时则寄宿荒村，时则栖身古庙。但这趟旅途又不止是艰苦的，他们看到了在校园里永远见不到的西南风土。他们看到荒芜的农田，身无长物的村民，衣不蔽体的农人，这使他们深受触动。在迁徙途中，南开大学哲教系学生刘兆吉沿途采风，探访风情，收集民歌多首，编成《西南采风录》，后来由朱自清、闻一多、黄钰生作序出版。这不仅是一次学校的迁移，更是一次文化的播迁，是中国教育界抗战时期的一项壮举。

1938 年 4 月 2 日，长沙临时大学改称国立西南联合大学。在抵达昆明后，冯友兰作了一首新诗："西山苍苍，滇水茫茫。这已不是渤海太行，这已不是衡岳潇湘。同学们，莫忘记失掉的家乡。莫辜负伟大的时代，莫耽误宝贵的辰光。赶紧学习，赶紧准备，抗战建国都要我们担当，都要我们担当。同学们，要利用宝贵的时光，要创造伟大的时代，要恢复失掉的家乡。"简而言之可以归结为罗庸所写联大校歌中的"多难殷忧新国运"，这也成了每个联大人的使命和担当。其中，南开的规模和影响力虽然不如清华、北大，但同样以自己的智慧和精神参与到西南联大的建设中来，为"新国运"做着自己的努力。正如曾任西南联大建设长、西南联大师范学院院长、南开大学秘书长的黄钰生先生在联大建立九周年纪念大会上说的："南开虽小，而尽了力量。"

南开大学教师在西南联合大学担任主要职务一览表

职务	姓名	职务	姓名
教务长	杨石先	哲学心理学系主任	冯文潜
建设长	黄钰生	商学系主任	丁佶、陈岱孙
训导长	查良钊	机械工程系主任	孟广喆
师范学院院长	黄钰生	化工系主任	张克忠
法商学院院长	陈序经	外国语文学系主任	柳无忌
化学系主任	杨石先		

◎南开教师在西南联大担任主要职务

进入昆明后，学校经费十分吃紧，只有教室用上了铁皮屋顶，学生宿舍都是茅草顶。老师和学生都没有钱，校长夫人要到街上摆地摊卖糕饼，闻一多公开挂牌制印，唐敖庆新婚燕尔便去做家庭教师。同时，学校师生还要经常躲避日军的空袭。梅贻琦在日记中提到，学校几乎每天都会响起警报，费孝通先生家里所有的东西在空袭中被震垮，金岳霖先生70万字的手稿不幸丢失，甚至有联大学生在空袭中牺牲。但"饭甑凝尘腹半虚""既典征裘又典书"的生活环境并没有阻挡教师教学和科研的激情。

◎联大学生在战火纷飞中坚持学习

联合办校的现实条件和西南联大"同归而殊途，一致而百律"的教学理念，让南开教师与清华、北大的教师一起合作、切磋，使得南开治学严谨的学术传统得到发扬。当时，皮名举、蔡维藩教授"西洋通史"，"每课学生挤满一个大教室"，刘晋年的"积分论"和蒋硕民的"高等数学""都十分叫座"。杨振宁在大四时为毕业论文去拜见吴大猷，他选了《以群论讨论多元分子之振动》作为选题，吴大猷就把一本《现代物理学评论》递给他，让他看其中一篇有关分子光谱与群论关系的文章，数语点拨，促使杨振宁将物理与数学结合，把研究对称原理确定为毕生研究方向，他日后也是在这一领域取得了重大成果，因而始终把吴大猷视为恩师。此外，也是在吴大猷的努力下，中国创建了第一个原子、分子光谱的简陋实验室。说是实验室，其实就是把从北平运来的三棱柱等放在木架上，拼凑成一个最原始的分光仪，试着做一些"拉曼效应"工作。他说："在 20 世纪，在任何实验室，不会找到一个仅靠一个三棱镜，并且是用一个简陋木架做成的分光仪。"通过实验，得到一些结果，尽管都不是很重要或太有意义的成果，但他觉得这总比不做要好。

◎联大时期张伯苓与南开师生合影（地点在联大师范学院）

此外，南开人在西南联大期间也不忘回报当地百姓，发展当地文化教育事业。为了给云南边疆地区培养师资，黄钰生受命创办联大师范学院，并且为当地编写教材。王赣愚等受云南大学校长之邀，借调往云南大学长期授课，还有教授终身留任该校。为了云南石佛铁路的修建，"以边疆人文为工作范围，以实地调查为进程，以协助推进边疆教育为目的"，南开还创立了边疆人文研究室，展开沿线经济、地理、民情的调查研究。研究室人员处于语言不通、高寒气候的境地，面临土匪打劫的威胁，深入人迹罕至的云南边境，进入少数民族聚居村落，深入展开调查工作。

甚至有一次，黎国彬被土匪绑架，若不是解救及时，恐要丢掉性命。也正是这种不畏艰险的调研，才浇灌出了《西南部落之鸡骨卜》等轰动学界的硕果。边疆人文研究室的期刊《边疆人文》刊登成果无数，而它的创办者、研究室主任陶云逵却因长期坚持实地考察，身体虚弱，营养不良，年近不惑即英年早逝，实为学界一大憾事。

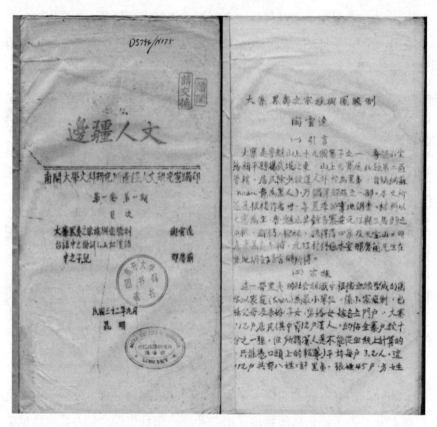

◎1943年油印出版的《边疆人文》期刊

云南省暨昆明市商会在《公送国立西南联合大学北归复校序》中高度评价西南联大在云南所作的贡献："留滇九年，凡所以导扬文化，恢宏学术者无不至，一时文教之盛遂使昆明屹然为西南文化之中心。"这是对三校的肯定和褒扬。云南省暨昆明市商会还分赠北大、清华和南开三校屏联，其中给南开的赠联是："天教振铎，泽被南滇，看到满门桃李正开时，为金碧湖山，平添春色；夜话避戎，事同西土，列诸欧洲文艺复兴史，愿乾坤抖擞，早日曦光。"

◎西南联大师生欢送抗日从军的同学

为了"驱除仇寇"，西南联大做的不止是教育上的努力。千余名联大学子毅然投身抗日疆场，携笔从戎，为民族存亡共赴国难，置生死于度外。何懋勋在鲁牺牲，穆旦参加中国远征军……抗日战争胜利后，为纪念这段珍贵的历史，联大师生在校址上树立了西南联大纪念碑，"以此石，象坚节，纪嘉庆，告来哲"。

在南开校园内，复制的联大纪念碑伫立于大中路的尽头。碑文由西南联大教授冯友兰撰写、闻一多篆额、罗庸手书，享有"三绝碑"的美誉。在西南联大纪念碑碑阴，镌刻着"国立西南联合大学抗战以来从军学生题名"。这份名单上的学生来自五湖四海，或战死疆场，或凯旋归来，把他们联结在一起的，是西南联大和爱国情怀，以及在"多难殷忧"之际对"新国运"的强烈希冀。

2020年1月20日，习近平总书记到西南联合大学旧址考察调研。在了解西南联大结茅立舍、弦歌不辍的光荣历史后，习近平深有感触地说，国难危机的时候，我们的教育精华辗转周折聚集在这里，形成精英荟萃的局面，最后在这里开花结果，又把种子播撒出去，所培养的人才在革命建设改革的各个历史时期都发挥了重要作用。这深刻启示我们，教育要同国家之命运、民族之前途紧密联系起来。为国家、为民族，是学习的动力，也是学习的动机。艰苦简陋的环境，恰恰是出人才的地方。我们现在教育的目的，就是要培养社会主义建设者和接班人，培养有历史感责任感、志存高远的时代新人，不负韶华，不负时代。

时过境迁，中国已经不再处于"多难殷忧"的年代，但不变的，是师生的爱国情怀。刚毅坚卓、弦歌不辍的血脉也随着文化的传承，在新时代南开人的血液中流淌。

并驾齐驱 东西称盛

1944 年，抗日战争胜利前夕，正值南开学校 40 周年校庆，张伯苓校长回顾学校践行教育救国的艰苦历程，展望战后南开重建与发展的美好图景，豪情满怀地说道："回顾既往奋斗之史迹，展望未来复校之大业，前途远大，光明满目。南开之事业无止境，南开之发展无穷期，所望我同人同学……抱百折不回之精神，怀勇往直前之气概，齐心协力，携手并进，务使我南开学校，能与英国之牛津、剑桥，美国之哈佛、雅礼（今译为耶鲁）并驾齐驱，东西称盛。"

值得注意的是，张伯苓在提出这个奋斗目标时，不是讲要照猫画虎地办成"东方牛津剑桥""东方哈佛耶鲁"，而是要与之"并驾齐驱"，要形成一个各领风骚、"东西称盛"的局面。

这一切都要追溯到南开建校之初。在当时，旧社会的中国政局动荡、内忧外患，教育水平整体落后。严修和张伯苓筹划建校时，就力图将南开大学建成世界一流的大学。为此，他们远渡重洋，考察欧美大学的诸项制度，学习和研究诸多先进的教育理论。他们"默察世界大势，益觉吾国教育之振兴为不可缓。又以普通知识仅为国民教育之初步，殊不足以应国家社会之所求，斯高等教育之设施，遂不容不奋起直追，以与欧美相颉颃，俾定国家之根本"。于是，南开先贤将此前在国内积累的办学经验与国外先进的教育方式相结合，逐步探索总结出自己的一套适合中国国情的办学方法。

学校大批引进海外留学优秀人才。在美留学期间，张伯苓就以南开学校校长和美国哥伦比亚大学师范学院中国留学生会主席的身份，严修以学部声名和社会威望，广泛联系在美的中国留学生，先后约聘一批青年学者来南开执教。到 20 世纪 20 年代末，全校近 80% 的教师都是从美国留学归来的，其中获硕士、博士学位的就有 28 人。据史料记载，"是时南开英才济济，多数有海外求学背景，往往于美国哈佛大学、耶鲁大学、哥伦比亚大学、加利福尼亚大学、内布拉斯加大学等名校取得硕士或博士学位而归"。这些海外归来的青年学者，雄姿英发，挥斥方遒，学术思想活跃，使南开的学术水平直接与国际接轨。

南开大学不断进行教育教学改革，完善学生培养方案，真正做到立足南开，面向国家，放眼世界。1921 年，张伯苓校长率领师生代表 20 余人在北京香山慈幼院就学校改革问题举行会议。在会上，张伯苓指出，教育必须谋社会之进步，"设问学校之设施，是否合乎国家之需要？对学生之输入，是否合乎社会之需要？造就之人才，是否将来有转移风俗、刷新思潮、改良社会之能力？"

早年间，南开学制学习日本而师法欧美。选科制、定绩点，教科书几乎全部使用英文原版教材。为配合教学，老师讲课也全用英文而不讲国语。这种机械地照搬虽然使得学生与世界前沿联系更紧密，且打下了坚实的英文功底，但是也有不可避免的弊端，即学制不适合国情，严重束缚学生思想。

为解决这一问题，1924 年 4 月，张伯苓校长派出六位教授进京参观北京各大学的理科教学情况。之后，教授会议决定改革考试制度。平日里考试最优秀的学生，由教授斟酌课程性质，可以免去期末考试，以平时成绩为学期考试的成绩。紧接着，张伯苓校长又派出大学秘书长、校长办公室秘书等前去日本了解改进教育的情况。1925 年，他更是亲自出访日本、美国、法国、意大利和瑞士等国家，考察当地的大学教育情况。

在考察结束后，张伯苓校长深刻地意识到：中国学习欧美，忽视了造成现代国家的两大要素——科学的方法和民治的精神，"我们取法的只是他们科学方法和民治精神的使用，而不是由科学的方法和民治的精神所产生的结果。所以，我们说欧美的方法尽管科学，欧美的制度则不必样样搬来，要搬也须按照环境的情形而加以选择"。

◎1929 年张伯苓赴美考察教育时与南开校友合影

在认识到这一点后，南开进行了又一次教学改革。改革后，南开大学重问题轻学程，着重培养学生"适应现代生活及解决实际问题之能力"。在学科建设方面，理科除化学、物理、算学和生物等系外，增设应用性科系——电机工程系和化学工程系。文科则集中精力和物力，将文科五系——政治、经济、哲学、教育心理、历史——实行裁并，以政治、经济两系为主干，培养当时中国急缺的政治和经济人才。这样一来，"在学生方面，得知专其所学，收将来致用之实效；在教授方面，亦可以分工合作，各献其所长，教学也自有精进矣"。

南开还始终坚持将学生全面发展作为建设世界一流大学的一个重要基础。张伯苓曾说过："教育一事，非独使学生读书习字而已，尤要在造成完全人格，三育并进而不偏废。"他明确提出了"以德育为万事之本"的命题，将西方平等、民主、自由和人格独立的现代道德观与中华民族传统道德中的积极成分相联系，同时鼓励学生为社会公共事业奋斗。"以体育人"也是张伯苓教育思想的重要组成部分，在南开长期办学经费不足的情况下，他毫不吝惜地投资体育设施建设，将体育作为全体学生的必修课之一。同时，张伯苓校长还注重培养学生参与体育竞赛的能力，以发扬其对人的团队精神和互助精神的强化。

在此后长期的办学过程中，学校始终倡导全球视野与开放精神，按照国际知名、世界知名、世界一流的目标层层迈进，积极"请进来"，主动"走出去"，通过进出往来的协调促进，不断提高国际化办学水平，提升国际影响力。

1954年，南开大学开始接收留学生。1965年，成立外国留学生办公室。1980年，正式设立外事处，并开始每年为美国明尼苏达大学举办暑期汉语学习班，国际化办学走在了全国前列，同年与爱知大学签署中日大学第一份校际合作协议。1983年，与约克大学等三所大学合作培养MBA正式招生，创造了"南开-约克"模式。1984年，国际数学大师陈省身回到母校，担任南开数学研究所所长，成为我国改革开放后引进的第一位高层次人才和第一位外籍所长。

◎改革开放之初从世界各地来南开求学的留学生

2004 年，南开创办了中国第一家海外孔子学院——美国马里兰大学孔子学院。2012 年以来，新加坡前总统陈庆炎、马里共和国前总统易卜拉欣、斯洛文尼亚前总理比特勒、英国安德鲁王子、美国前国防部长科恩、世界经济论坛主席施瓦布、法国前总理法比尤斯、意大利前总理普罗迪、英国社会科学院院长罗伯兹、泰国前国会主席蓬拉军、日本公明党党首山口那津男等一批世界政要名家来访南开，为南开的国际交流发展贡献了力量。

◎百年校庆之际，南开大学携手泰晤士高等教育机构举办国际会议纵论世界一流大学发展

如今，南开大学有着更加广泛的国际影响：与 320 多所国际知名大学和国际学术机构建立了合作与交流关系；有专兼职外国专家 400 余人，以及来自 114 个国家和地区的 2000 余名留学生；承建了英国格拉斯哥大学孔子学院等 8 所海外孔子学院；与英国牛津大学、伯明翰大学、韩国 SK 集团共建国际联合研究中心；与世界经济论坛（达沃斯论坛）、全球大学领导者论坛（GULF）、国际公立大学联盟（IFPU）、国际大学联合会（IAU）、世界工程组织联合会（WFEO）等国际组织保持着密切联系，通

过积极参与各类国际组织活动，进一步推动与世界一流大学、机构的实质性、深层次合作。

正如法国宪法委员会主席、法国前总理、南开大学名誉博士、名誉教授洛朗·法比尤斯所说："南开大学建校一百年间始终矗立在中国教育现代化变革的前沿地带。正如南开最著名的校友、中国伟大的外交家周恩来总理那样，南开大学对世界一直秉持着开放的态度，这是'南开精神'的一个关键要素。"

从建校伊始，南开大学就面向世界，融汇中西。天下为公、开放办学，立足中国、影响世界，已经成为南开公能教育历久弥新的传统。在内忧外患的旧中国，南开大学以其高质量的教学、科研以及溶入血脉的爱国主义精神，在社会上具有极大影响力。百年来，南开人矢志不渝，继承先人遗志，朝着建设南开品格、中国特色、世界一流的高水平大学目标奋力前行。

"整理中国固有之文化，摘其适合于现代潮流者，阐扬而光大之，奉为国魂，并推而广之，以求贡献与全世界。"这是先贤们对于迈向世界一流所期待的南开作为。新时代新征程，南开扎根中国大地，对标世界一流，把握百年新机遇，促建全球新南开，在"并驾齐驱，东西称盛"的道路上阔步而行。

"看他怎样再打仗"

　　白天打，黑夜打，内战的地方愈来愈大；大洋枪，不张眼，把你送到阎王殿；阎王爷，对你说，你是一个傻家伙；因为你当兵，大炮有点心；因为你缴粮，大炮才发狂；好！咱们就不当兵，咱们就不缴粮；有人来抓兵，有人来要粮，咱们就反抗，你反抗，我反抗，看他怎样再打仗！看他怎样再打仗！

　　这是一张张贴于 1947 年反内战宣传单上的民谣。对于我们来说，这是几行短短的文字，而对于那个年代的南开人来说，这是发生在他们身边的，真实的，充满血与火但又饱含青春激情的故事。

◎南开学生积极投身于"反饥饿、反内战"运动中

　　国民党的倒行逆施擦亮了人民的眼睛，南开大学师生追随中国共产党人，参与到爱国民主运动中去。1947 年，由于国民党政府发动内战，不断增加军费开支，致使国统区经济、政治、教育危机日益严重，物价飞涨，人民在饥饿死亡线上挣扎。反饥饿成为国统区人民的共同心愿，反内战成为时人的共同心声。1947 年 2 月，中共中央起草了《在白区对国民党的政策》，提出"反饥饿、反内战、反破坏"的口号。南开大学学生跟随党的领导，在"反饥饿、反内战、反破坏"口号的指导下展开一系列反对国民党政府独裁专政的活动。5 月 17 日，南开大学召开学生大会，发动"反内战"签名，成立"反内战委员会"，决定从 18 日起开始罢课。18 日晚，南开学子公演反内战话剧《凯旋》，以通俗易懂的方式传达每个普通民众的内心渴望，但不幸的是，该活动遭到特务破坏。三天后，南开大学与南开中学学生参加"反饥饿、反内战"游行，遭到 200 余名国民党特务及军警的袭击，20 多名学生受伤，6 人被捕，这就是震惊全国的"五二〇血案"。

　　国民党反动派的暴行不仅没有如他们所愿地威慑住学生，阻止学生运动的步伐，反而激起了南开师生更为强烈的怒火。"五二〇血案"发生后，学校共贴出壁报一千余张，标语两万余条，传单六万多份，就连天津警备司令部、三青团部、市政府门口都贴上了宣传品。学生在校园内举办"五二事件血救衣展览"，编印《南开周刊》"反内战特刊"。

　　"你反抗，我反抗，看他怎样再打仗！看他怎样再打仗！"这张写有反内战民谣的宣传单便是张贴于此时。

　　"五二〇血案"发生后，于文汉与五六名同学一起在南开大学参加会议。会后，他们每人拿着一卷宣传单上街张贴。他们知道，这不是普通的宣传单，是他们的使命和责任。顺着中原公司（原百货大楼）到劝业场的方向，他们小心谨慎却动作迅速地将宣传单贴在了沿途各处。到四面钟电车站附近时，于文汉突然眼神示意各位同学——有特务！众人不约而同地决定暂停张贴，分散撤离，并约定到天祥商场（位于劝业场旁边）后门会合。

　　而于文汉乘电车到天祥商场后，只等到了沈大章同学，其他同学不知何故没有到达集合地点，是退出了吗？还是被抓走了？他们不敢多想，也没有时间多想，只是继续在劝业场附近张贴宣传单，直到天黑。后来，敌人要逮捕于文汉，在党组织的安排下他被转移到了解放区。

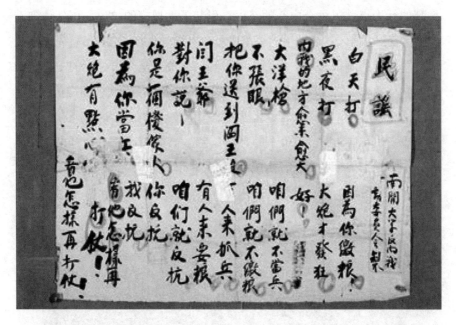

◎一张写有反内战民谣的宣传单

　　这张由南开大学反内战行动委员会制发的宣传单，是那场学生运动的直接见证，现作为国家一级文物，珍藏于平津战役纪念馆。它是宏大历史事件中的小小一粟，就像大海上的一朵浪花。但每张宣传单和标语上都布满了学生的爱国激情，无数个小小浪花才能汇成惊涛骇浪。

　　除了学生运动外，南开大学教师也以实际行动展示了对国民党反动政府毫不妥协的态度。"五二〇血案"后，萧采瑜、张致远、刘晋年、庞景仁、李广田、刘荣恩、何炳林等教师慰问受伤学生。5 月 22 日，南开大学教授会表示"决与同学采取一致行动"。28 日，陈序经、李广田等 89 名教授在《北方教授联合和平宣言》上签名，反对南京政府独裁内战政策。"五二〇血案"警醒并教育了更多的师生，校内群众的觉悟进一步提高，甚至有的国民党党员也转变了态度，参加了进步社团，校园内到处洋溢着反内战的热烈气氛。

南开大学师生积极投身爱国民主运动的行为还不止于此。

1946 年 12 月 24 日，美军士兵强奸北京大学女学生沈崇，这一丧心病狂的行为点燃了民众内心的怒火，引起了大规模的抗议。事件传到天津后，南开大学 24 名地下党组织成员和先进学生，于 27 日首先贴出抗议美军暴行的海报，这一行为立即得到了全校乃至全市学生的支持。29日，学校发表《告全国同胞书》，并派代表向司徒雷登大使面交抗议书。30 日，全校罢课，南开大学、北洋大学等学校代表在南开大学召开会议，决定成立"天津学生抗议美军暴力联合会"。1947 年元旦，南开大学与其他大中学学生举行联合游行示威，迫使天津市长答应"美军立即撤离""美军当局需向中国当局道歉"的要求。

◎南开学生在美军驻津司令部前游行示威

在爱国民主运动时期，南开大学师生多次采取行动反对国民党反动统治，而随着解放斗争的开展，国民党反动政府也将魔爪伸向了南开大学。

1948 年 11 月，东北、华北野战军进抵平津地区，京津解放已成定局。国民党当局企图将重要院校和工厂南迁，南京国民政府教育部发来密电，令南开大学南迁广州。中共地下党组织立即发动群众，开展针锋相对的反南迁斗争。最终，学校校务会议做出"不迁校"决定，使得国民党劫走南开大学的阴谋彻底破产。看到无法迁走学校，国民党当局开始分散抢夺学术界高端人才，作出所谓"抢救大陆学人计划"，表示愿意免费提供机票，协助南开大学学者南迁。而让他们失望的是，学校负责人黄钰生、杨石先、吴大任等不为所动，绝大部分教授也表示"与同学共甘苦"，并开展了保护校产、迎接解放的斗争。

◎1948 年，南开大学教授联名信，反对驻军学校

1948 年冬，解放军兵临天津城下。负隅顽抗的国民党军警加强了对南开大学的控制，甚至屡次扬言要武装进驻学校。军队控制学校，以学校为阵垒，这是对文化教育事业的践踏，且南开的校园已经被日寇破坏过一次了，决不能再被国民党破坏。于是，南开师生立即掀起了声势浩大的反对军警进校的斗争。44 位教授联名致电华北"剿总"司令傅作义，呼吁维护文化教育事业，反对驻军学校。除了呼吁外，南开师生还展开行动保卫校园。学校安全委员会组织师生用沙袋、石块将校门堵住，纠察队也日夜在校内值岗巡逻。

12 月的一天，一支全副武装的国民党军队突然兵临南开大学，为防军队入校，学校安全委员会立即安排师生在校门口站成一排，进行抗议。一时间，紧张的气氛在空气中蔓延，双方互不相让，流血冲突一触即发。就在这时，天津工委学校党委书记魏克闻讯赶来，与南开大学党总支书记刘焱商议，改变战斗策略，以师生安全为重，避免正面对抗和流血冲突。于是同学们开始为国民党士兵送水，与他们亲切地交谈，展开宣传阵势。刘焱回忆道，曾剑拔弩张的双方很快聊得热火朝天，士兵也表示同情学生的处境，双方都不想打内战。国民党军官怕队伍"赤化"，赶紧报告上级，将队伍撤离了南开大学。经过师生的不懈抗争，加之社会舆论压力，国民党最终也没有实现进驻学校的企图，南开师生成功保卫了学校。

1949 年 1 月 14 日，解放军向天津守敌发起总攻。15 日，解放军攻到南开大学东院附近。学生们情绪高昂，有的不顾外面的炮火，主动为解放军做向导；有的将用白床单连接而成的，写着"热烈欢迎解放军"七个大字的标语挂在学校楼外。下午三时，天津解放。当天傍晚，南开大学师生便组织了 300 余人的宣传队，走向罗斯福路（今和平路）宣传党的政策。南开大学师生欢呼雀跃，纵情歌唱，迎接来之不易的胜利，迎接新中国的曙光！

"你反抗，我反抗，看他怎样再打仗！"随着解放的到来，宣传单上的愿望终于实现了，不用再内战了，中国共产党胜利了。这是人民的胜利，南开师生在这场来之不易的胜利中作出了自己的贡献。从张贴反内战宣传单，到爱国护校运动，再到迎接解放的到来，南开大学师生在血与火的洗礼中初心不改，淬砺了生生不息的爱国精神，而这精神也将代代传承下去，传承到新时代每个南开人的心中。

不屈炽焰 青春之骏

他是南开大学首期学生，入商科，学号为 2 号；他从南开中学到南开大学，与周恩来结为挚友；他担任南开新剧团演员，"敬业乐群会"骨干；他被邓颖超评价为：如果哪里工作遇到困难，只要他一出现，问题就能得到解决。他就是马骏，中共早期地方领导人，从南开大学走出的革命英烈。

◎马骏

年少有志 初露峥嵘

1895 年 9 月 12 日，马骏出生于吉林省（现黑龙江省）宁安县的一个回族家庭。马骏的父亲马喜贵经商，因为生意上的来往，有机会接触到俄国布尔什维克的宣传，所以他经常带回来一些宣传马克思主义的书籍和小册子，送给孩子们看，可以说在内忧外患的旧中国，这为马骏走上革命道路起到了启蒙作用。

马骏从小就聪敏好学、志存高远。腐败的社会制度、列强的掠夺现实、丑恶的社会现象，让马骏萌生了要有一番作为的想法，他在作文中写道："毕业后要做一只雄鹰凌空而起，驾云高飞，飞得越高，看得越远。"他喜欢英雄豪杰的故事，幻想自己也能有一天可以改天换地。小小年纪的他，用自己所学的知识，帮助乡亲写"状子"，状告强占地界的地主、恶霸，替乡亲打抱不平。

1915 年 8 月，马骏考入天津南开中学读书。在校期间，他也从来没有"消停"过：担任两届学校演说会会长、学生讨论会及自治励学会会长、义塾服务团总董及教务长，参加周恩来组织的"敬业乐群会"，以《如何人生方可谓之有价值》为题获得演讲比赛第二名，经常在校刊《校风》上发表文章。马骏才思敏捷，思想深刻，积极参加并领导各种革命活动，很快便成为崭露头角的学运领袖。

投身五四　血染丹心

1919 年 5 月 4 日，五四运动爆发。消息从北京传到天津，5 月 7 日，十五所中等以上学校成立了"天津学生联合会"，马骏当选为副会长兼执行会长，接着又被选为直隶各界公民联合会总干事。6 月 9 日，在声援北京学生斗争的公民大会上，马骏致开幕词，要求商界和学生、工人们一起配合全国掀起罢市罢课的斗争，并率众赴商会敦促罢市。在群众的压力下，天津总商会不得不决定于 6 月 10 日罢市，同时电知北京军阀政府。北京军阀政府急忙在当夜三点钟派参议曾毓隽赴津，到商会宣布徐世昌大总统罢免曹汝霖、陆宗舆、章宗祥职权的命令，以求平息众怒。在一些亲日分子的撺掇下，商会董事随即公布 6 月 11 日开市。

听此消息，马骏即刻赶到商会，随后，万余名青年学生和民众赶来包围了商会。马骏当场指责商会出尔反尔，并义正辞严地揭露北京军阀政策的"罢免"骗局："公民大会决定罢市，为的是要求北京政府惩办卖国贼曹、陆、章及通令保护爱国学生，今仅免去曹、陆、章等职务，对于他们的卖国罪行则未依法惩办，关于通令保护学生并未发表明文。因此，我们罢市的目的未能达到，即行开市，显然违背公决原案，应再罢市，非达目的不能罢休！"

当时，有一位张姓的商会董事在旁边说："马先生，你是贵处人？天津可否有财产？莫怪马先生不知道罢市地损失太大！"马骏当场愤然而起，大声痛斥："鄙人是吉林人，天津固无财产！现在外交紧迫，一发千钧，国家将亡，哪能说到个人财产！我在天津是无财产，但有生命、有热血！请问性命与财产孰重？鄙人虽无财产牺牲，然尚有生命和热血，可流于诸君面前。"话音未落便离席向议事厅旁的立柱上猛然撞去，幸好被正在身边的商会文牍长夏琴西一把抱住。但由于马骏行动太过于果直，头已然触柱，血流不止，当场昏厥。这一以身谢国的举动震惊了在场的董事们，大家都纷然感叹："学生们爱国心之切之深，远甚于爱惜生命。"随即起草布告，再行罢市。

为敦促北洋政府拒绝在巴黎和约上签字，马骏率领京津各界代表到总统府门前请愿。警察用枪抵着他的胸口逼迫他解散请愿队伍，他断然拒绝，并鼓励同学们："吾人此次如被捕而死，死亦甘心尽愿。吾人之死不为自私，不为名利，但愿全国同胞父老秉此牺牲之精神，永留光明之纪念于天壤已矣。"因为不忍心看战友们为自己挨打，马骏挺身而出，从容就捕。周恩来得知马骏被捕后，连夜从天津赶到北京，又组织起更大规模的请愿。在全国各界的压力下，8 月 30 日反动当局终于释放了马骏。"未进

◎马骏被捕获释后在南开学校的留影

狱以前的马骏是马骏同家人的马骏，出狱以后的马骏就是国人的马骏了。"马骏对迎接自己出狱的近万名战友这样说。自此"大闹天安门"一役，马骏便被人们称誉为"马天安"。

奔赴东北 开创新业

1919 年 9 月 16 日，周恩来、马骏、邓颖超等二十人，共同发起创建了觉悟社，出版了自己的刊物《觉悟》。马骏经常以"廿九"代号在《觉悟》上发表文章，如《一个小蜘蛛》和《他们为什么不去》。1919 年 11 月 10 日，全国各界联合会在上海成立，马骏、刘清扬、章太炎和施洋等均为大会筹备人员。11 月 16 日，"福州惨案"激起了全国人民的又一次反帝爱国运动高潮。12 月 20 日，马骏发动天津各界近十万人在南开操场举行声势浩大的国民大会。1920 年初，马骏率代表到天津省公署请愿查封日货，再次被捕，引起天津各界震怒。周恩来为营救马骏，再次请愿，也被捕入狱。在拘禁期间，马骏仍充满了革命乐观主义精神，与反动当局做斗争。

　　7月17日，周恩来、马骏等人被当庭释放。其间，好友李愚如临赴法国勤工俭学前探监，马骏扶病草写《送李愚如赴法》一诗相赠。诗中直抒胸臆："他日/你带着自由回来/我带着自由迎你/不然/你就要看一个坟儿说/我把他给你带来/你却已为他而死了。"为了探索救国真理，寻求救国道路，马骏早已做好了牺牲的准备。

◎马骏（后排左三）与周恩来（后排右一）、邓颖超（前排右三）等人共同发起成立觉悟社

　　1920年8月上旬，马骏、周恩来等人在北京陶然亭举行觉悟社年会，并会见了李大钊。8月下旬，他响应"到工农群众中去从事实际运动"的号召，离开天津，回到东北。同年，马骏参加社会主义青年团。1921年，他在北京加入中国共产党。在东北期间，以宁安为根据地，马骏的革命活动辐射到牡丹江、哈尔滨、齐齐哈尔、吉林、长春、四平等地。

浩气长存　精神永承

　　1925年9月，应李大钊函召，马骏离开吉林，到莫斯科中山大学学习。1927年8月，马骏接到中共中央调令，秘密回国。李大钊遇难后，中央几次派人重建北京党组织，都被敌人破坏。由于马骏是五四时期的名人，在北京影响很大，不少同志觉得他此去凶多吉少，劝其留在武汉。马骏却笑道："知道我的人多好哇！一来可以更好地开展工作，二来保护我的人也多了！"他临危受命，身负重任来到了腥风血雨的北京城。此时，马骏32岁，已是三个子女的父亲。为了革命斗争，他极少有和妻子儿女团圆的机会。在离开武汉奔赴北京途中，他特意在上海为出生后尚未见面的小女儿寄去了两个围嘴。

1927 年 12 月 2 日，北京天降大雪，由于叛徒许锡仁出卖，马骏等人在次日清晨被捕。当时马骏化名张子良，他的通讯员化名张子善。由于是单线联系，有一部分党员的身份没有暴露。面对敌人的讯问，马骏说："这些都是我的学生，知道我从苏联回来，他们是来找我补习功课的。"这样，由于无法查证他们共产党员的身份，一部分革命力量就被保存下来了。在狱中，敌人软硬兼施、严刑拷打，马骏始终大义凛然，坚贞不屈。

张作霖派北洋政府教育总长莫德惠去劝降马骏，以放弃共产党人身份为条件，将教育次长的职位许诺给他。马骏冷笑道："教书育人更应懂得礼义廉耻，如果我背弃了我的信仰，就成为最无耻的人，还有什么脸教育别人？告诉你们大帅死了这条心吧！"张作霖不死心，便施以"骨肉计"，让马骏夫人探监，妄图以儿女情长动摇马骏的心志。不料满身伤痕的马骏抱过小女儿，坚决地对妻子说："他们不会轻易放我出去。再说用钱把我买出去，那太不光彩了。你就安心带好孩子吧，由我一个人和他们轱辘。"

在最后一次审判中，当马骏再一次面对"以放弃共产党员身份换取生命"的条件，他拖着病弱的身体和沉重的镣铐一步步走到桌子前，缓慢而又坚定地拿起毛笔，写下几个大字："故共产党员马骏之墓"，并留下一句掷地有声的话："我过去是共产党员，现在是共产党员，将来永远是共产党员！"1928 年 2 月 15 日，马骏被背绑双手，两脚加镣，押赴行刑之地。站在囚车上，他昂着头，目光深沉又充满力量，高唱《国际歌》，高呼"打倒帝国主义！""打倒军阀政府！""中国共产党万岁！"。二月北平寒风刺骨，七寸长须迎风飘逸。马骏壮烈牺牲，年仅 33 岁。

邓颖超同志说："马骏同志是中国人民、回族人民的好儿子，他对共产主义坚贞不屈的崇高品质，是我们学习的榜样。他虽然早已死去，但他的精神将随着伟大壮丽的共产主义事业发展和胜利而永生！"

以济群生 负任方舟

"问君何以济群生？""以己为誓，负任方舟。"这是 24 岁于方舟的回答，也是他一生的真实写照。

◎于方舟

于方舟原名于兰渚，字芳洲，1900 年 9 月 15 日出生于直隶省（河北省）宁河县（现为天津市宁河区）俵口村的一个农民家庭。于方舟在家排行老九，上面还有四个姐姐、四个哥哥。父母对这个小儿子疼爱有加，对他寄予了"耕读传家"的厚望，并为他取了一个富有诗意的名字——兰渚。但生长于这个山河破碎、风雨飘摇的年代，他注定不能像父母所希望的那样度过诗意美好的一生。"国将不复，以何为家？"侵略者入侵，家乡被践踏，亲人遭劫难，外侮之辱催生了他强烈的爱国之心。

1917 年，于方舟考入直隶省第一中学。俄国十月革命胜利的消息传入中国，他十分振奋，到图书馆寻找有关俄国革命的书籍和报刊，认真钻研，刻苦学习。同时，他还和安幸生等进步学生讨论国家大事，并互相鼓励，向往着祖国的未来。当时，学校创办了《进修》周刊，聘请他为该刊的编辑员。他撰写的《蠢矢录》，深刻揭露了社会豪强倚仗权势、欺压善良的罪恶行径。面对军阀混战、神州破碎、百姓饥荒的凄惨景况，他忧心如焚，决心以天下为己任，拯救祖国，拯救人民大众。

1919 年，五四运动如火如荼，无数青年学子投身其中，自然也包括一直关注着祖国和人民命运的于方舟。真言荡浊流，铁骨傲鬼神，一身浩然正气，满腔赤子之心，于方舟义无反顾投身于反帝爱国斗争的革命洪流。他积极参加爱国民主运动，率领直隶一中学生参加了天津15所大中学校万余名学生的罢课斗争，同时于方舟在他主持编印的《醒》报上强调罢课的目的是"唤醒国民，拯危救亡"，指出罢课是为了向反动势力表达学生的不满激愤心情，是为了抗争。于方舟曾多次负责组织天津各界示威大游行等活动，在1919年6月10日的罢市活动受到警察厅"撤警"的威胁时，于方舟果断提议将各校童子军集合起来代替警察，促进了斗争的阶段性胜利。他在游行活动中对群众进行演讲："同胞们，让我们团结起来，不做亡国奴，打倒帝国主义！帝国主义必将灭亡！"于方舟在《本报宣言》中犀利地指出，北洋军阀政府"卖国的卖国，争权的争权，一定要将我们四万万的好同胞必弄到万劫不复的地位"，中国已到"千钧一发，危险达到极点的时候"。他还将自己的演说词《振聋发聩》署名"芳洲"刊发在第一版，发出"快醒醒，振作救国的精神"的呐喊，极力呼唤民众的觉醒。

天津学生联合会成立后，于方舟被选为天津市学联会评议会的委员，随后他与韩麟符、陈镜湖等人发起成立了"新生社"，出版《新生》杂志。他创办的"新生社"和周恩来领导的"觉悟社"一起，为传播真理、团结进步青年、开展爱国斗争起到了重要作用，直隶一中学生也成为天津五四运动的一支骨干力量。于方舟凭借渊博的知识基础、流利的口才、杰出的领导能力被同学们推举为天津五四运动的"四大金刚"之一，当时有"谁人不知于兰渚"之说。

1920年1月29日，20岁的于方舟和22岁的周恩来，因组织学生赴省署请愿而被捕。在狱中于方舟也不曾松懈，负责"铁窗读书团"的组织工作，商定"公共读书法"和"研究社会问题方法"。他和进步青年狱友研读经典，请周恩来连续数日宣讲马克思学说和马克思传记，深化思想内涵；他们还开展文化补习，内容涉及英文、历史、数学、中文、地理、日文、经济学、心理学等内容，多样丰富；他们探究社会的根本改造，平民运动与教育、社会服务和社会组织、人类的物质生活与精神生活、商业社会与法制社会等都是他们研究了解的对象。他写下"千古做完人，震撼三津，爱国不怕进狱门"的诗句，哪怕饱受磨难，哪怕前路坎坷，都不曾退缩。于方舟与周恩来在狱门铁窗之内并肩战斗了整整 170 多个日日夜夜，最终于 1920 年 7 月得到释放。《警厅拘留记》和《检厅日录》是周恩来亲自编写的记录当时情况的两部珍贵史料，其中提到战友于方舟多达 57 次。1920 年秋，在李大钊的指导下，新生社改组为天津马克思主义研究会。这个研究会是天津早期创建社会主义青年团的组织基础，他们中的一些成员后来大都成为天津地方党组织的骨干力量。

1922 年 9 月，于方舟化名于绍舜考入南开大学文科，学号为 384 号。带着一颗因"国破民悬"而难以平静的心，他写下《静读》一诗——"数朵仙凤开欲笑，几篇古籍读将殁。窗明几净思多快，国破民悬意转烦。"在南开大学勤奋读书的同时，他恢复建立了业已瘫痪的天津学联，由他起草的《天津学生联合会宣言》提出了"爱国不忘求学，求学不忘爱国"的口号，唤醒国人的爱国热情。他如海绵吸水一般汲取知识和拼搏的力量，主动研究了马克思学说并组织了马克思主义研究会，就这样一面学习知识，一面积极投身于革命运动，为救国救民而坚持求索。

1923 年，于方舟经李大钊介绍加入中国共产党，1924 年 1 月，他以共产党员的身份参加国民党一大，同毛泽东等人一起当选为中央候补执行委员，参与领导第一次国共合作。也正是在这时，于方舟写下了著名的《方舟歌》，正式将自己的名字由"兰渚"改为"方舟"。"……狂澜四面严相逼，群生彼岸须舟亟。方舟负任一何重，方舟造境一何逆！"写下这首诗时，于方舟年仅 24 岁，他将自己化为"渡人之舟"，誓要将这"负任方舟"的崇高理想付诸实践。

1924 年 3 月，中国社会主义青年团天津地方执行委员会成立，于方舟当选委员长，9 月，在中共中央和北方区委的领导下，于方舟成立中共天津地方执行委员会并担任书记，成为天津党组织的创始人之一。在五卅运动中，于方舟领导了天津工人的罢工斗争，有力地推动了国民革命事业的发展。1925 年 3 月 1 日，国民会议促成会全国代表大会在北京召开，于方舟、邓颖超等代表天津出席大会。不久，孙中山不幸病逝，于方舟等在天津组织各界人民举行了隆重的追悼大会。于方舟心里始终燃烧着一团火，一团追逐国家光明、渴望民众新生的火，让他不知疲倦般地投身于革命事业。

1927年秋，玉田农民武装暴动，打响了北方农民军反抗军阀的第一枪。当时饱受封建军阀压迫的冀东农民，因不堪苛捐杂税、"八项旗租"等的压榨，在中国共产党领导下，发动了震惊中外的玉田农民大暴动。近两万名农民，手持各种武器，攻占了玉田县城，成立了农民政府，宣布了施政纲领，但是由于内部的叛变，革命被反动政府镇压。

此时，于方舟以中共顺直省委组织部长身份领导了冀东第二次玉田暴动，怀着"要凭双手扭乾坤"的志向，毅然带领农民军起义。玉田农民暴动震惊了敌人，其不惜调用一个兵团的兵力，到农民军活动的地域进行"清剿"，由于宿营时戒备不严，加上地主土豪串通，数千人将革命军包围。革命军在突围中损失巨大，暴动于月底失败。

于方舟和三位同志率部突围，不幸被俘。在狱中，反动政府对他们施以各种酷刑，但他们大义凛然，坚贞不屈，同敌人进行了英勇斗争。竹可破不可损其节，玉可碎不可损其白，面对敌人的酷刑和死亡威胁，他理直气壮地说："我信仰共产主义！"大义凛然，视死如归。1928年1月14日夜晚，于方舟高呼着"打倒帝国主义""打倒军阀""打倒国民党反动派""共产党万岁"等口号英勇就义，年仅27岁。于方舟成为南开大学创立以来第一位为国捐躯的革命烈士。"一行热血千行泪，泪有干时血不干"，于方舟拼将一腔男儿血，换我华夏当自强，将自己的生命谱化为一曲悲壮的青春之歌。

在南开大学风景秀美的南开湖畔，矗立着一尊于1984年建造的于方舟烈士的雕像，黑色大理石碑座的正面，镌刻着彭真同志手书的"于方舟烈士纪念碑"八个大字，碑座背面的碑记，简述了于方舟烈士的生平。他神态严肃，双眼炯炯有神，迸发出革命救亡的热烈火焰，仿佛在诉说着自己坚定的报国决心，吸引了许多学子驻足了解。于方舟烈士是南开的骄傲，他的光辉事迹与赤诚的爱国情怀感染了一代代南开学子，历史的星河明灭，但烈士精神永远在其中熠熠生光！

◎南开园内矗立的于方舟烈士纪念碑

两弹元勋　先烈永怀

　　有这样一个人，从小就被乡人称颂为"聪明娃"，刻苦钻研求知若渴；满怀报国热情，放弃优厚待遇毅然投身于祖国建设；扎根基层核武器试验，鞠躬尽瘁不求名利：他就是南开大学杰出校友、共和国"两弹元勋"郭永怀。

　　郭永怀是山东荣成人，自幼聪明伶俐且刻苦自律。1929 年，20 岁的郭永怀从山东荣成滕家集东滩郭家村考入南开大学预科二年乙组。两年后郭永怀以优异的成绩升入南开大学理科

◎郭永怀

学习，怀着对数学和光学的浓厚兴趣，他选择了物理学专业。当时的南开名师云集，著名光学家、美国普林斯顿大学博士饶毓泰先生是南开大学物理系系主任，毕业于美国密西根大学的近代中国第一位物理学女博士顾静徽负责物理系的教学工作。在教学过程中顾静徽教授很快就发现了郭永怀的超人天赋，经常把郭永怀叫到百树村教师公寓进行辅导和交流，师生的密切交流探讨更是激发了郭永怀对于物理学的兴趣，让他愈发刻苦钻研学业。郭永怀在南开求学的几年中，以睿智的头脑和踏实的态度获得了老师和同学的赞扬，那瘦削而坚毅的背影给人留下了极深的印象。饶毓泰教授从欧洲回国后来到北京大学任教，郭永怀决心追随他所仰慕的饶先生继续深造，于是在南开物理系学习两年后，他便考入北大物理系。饶毓泰对这位来自南开的学生极为赏识，1935 年 7 月便把完成本科学业的郭永怀留做助教和研究生。

◎郭永怀入学南开的档案资料

1937年7月，卢沟桥事变爆发，北京大学停课。1938年3月，郭永怀克服重重困难，辗转南下来到了昆明，在西南联合大学物理系半工半读，艰苦的条件锻造了他坚韧的学习意志，简陋的环境亦不能磨灭他对物理的热情。国难当头，山河疮痍，爱国报国之情在郭永怀心中激荡。在民族危机中他敏锐地意识到"科教兴国"的重要性，深刻认识到没有强大的军事力量做后盾就要挨打的道理。随即他决定学习航空工程，立誓要为我国的军事科学奋斗终身。1938 年夏，中英庚子赔款基金会留学委员会举行了第七届留学生招生考试，在 3000 多名参考者中，郭永怀与钱伟长、林家翘一起以 5 门课超过 350 分的相同分数同时被录取。一行人前往加拿大多伦多大学继续深造，郭永怀仅用半年就取得了应用数学硕士学位。面对如此喜人的成绩，郭永怀也没有被冲昏头脑，学无止境，他明白学习之路还很长。

1941 年 5 月，郭永怀来到了当时著名的国际空气动力学的研究中心——美国西岸加州理工学院古根海姆航空实验室继续深造，在航空大师冯·卡门教授的指导下开展极具挑战性的前沿课题，他出色的研究成果使同伴与师长刮目相看。经过 4 年艰苦探索，郭永怀于 1945 年出色地完成了有关跨声速流不连续解的论文，获得了博士学位。

此后不久，针对声障影响飞机速度的问题，他又与钱学森合作写出了震惊世界的重要数论论文，首次提出上临界马赫数概念并得到了实验证实，为解决跨声速飞行问题奠定了坚实的理论基础。博观而约取，厚积而薄发，郭永怀多年的沉淀让他在超声速空气动力学、粘性流体力学、跨声速理论研究等领域一鸣惊人。他先后发表十多篇（部）具有重大影响的论著，完成了一系列突破性的研究成果，成为康奈尔大学航空研究院的三个著名攻关课题主持人之一。在跨声速与应用数学领域的重要理论阐述和卓越科研成果让郭永怀闻名于海内外，成为各大学校、机构争先想要挽留的人才。

郭永怀的惊人才能引发了美国的高度关注，因此美国相关部门给予他十分优渥的待遇，但郭永怀最希望的始终是用他的知识武装自己的祖国，见证祖国的繁荣富强。1949 年，中华人民共和国成立的消息久久撞击着郭永怀那颗拳拳爱国之心，也让他看到了回到祖国大展身手的希望。他恨不得立刻飞回祖国母亲的怀中，但美国深知钱学森这批华人科学家的巨大价值，出于战略利益考虑，美国将中国留学生列为"无国籍人"，鼓励中国留学生申请永久居留权，尔后下令"一切受过科学训练的中国留学生不得离开或企图离开美国"，想方设法阻挠他们回到新中国。

1955 年 8 月，朝鲜停战协定签订后，日内瓦中美大使级会谈开始，不久后美国就取消了禁止中国学者出境的禁令。郭永怀先生的妻子李佩教授回忆说："禁令一旦取消，老郭就坐不住了，整天和我盘算着回国的事。"当时郭永怀在康奈尔大学担任教授的职位，待遇相当优渥，许多美国友人和加入了美国籍的朋友都劝郭永怀干脆留在美国，自己生活无忧，以后孩子也能在美国接受到更好的教育，回国又能得到什么呢？但郭永怀始终记得他来到美国时的初衷是为了有一天能回去报效祖国。无论他人怎样劝说，他都不曾改变自己的心意："家穷国贫，只能说明当儿子的无能！我自认为，作为一个中国人，有责任回到祖国，和人民一道，共同建设我们美丽的山河！"自己的祖国百废待兴，正是需要人才之时，他如何能为了自己的福利弃祖国于不顾呢，这些年出国深造不就是为了将自己的所学应用于祖国，为祖国的建设添砖加瓦吗！钱学森理解郭永怀的拳拳报国之情，从北京急切致函郭永怀："快来，快来！请兄多带几个人回来！"

不知遭到多少次申请回国的拒绝，1956 年郭永怀在红枫满山的季节回到了北京，那颗爱国之心终于落到实处，他很快就和钱学森、钱伟长一起投身于刚组建的力学研究所的科技领导工作。20 世纪 50 年代中期，中苏关系恶化，苏联方面拒绝向中国提供原子弹的数学模型和技术资料。随后又停止供应一切技术设备和资料，单方面撕毁协定和合同，给我国刚刚起步的核工业带来了极大的困难。负责核武器研制的二机部研究设计院成立，郭永怀临危受命担任副院长，与王淦昌、彭桓武担起了中国核武器研制的重担。当时，由郭永怀领导的整支科研队伍面临一无图纸，二无资料的困境，虽然前路艰难辛劳，但郭永怀始终秉持着"不喊累、不服输、不放弃"的态度，在他的倡议和积极指导下，我国第一个有关爆炸力学的科学规划迅速制定出台，从而引导力学走上与核武器试验相结合的道路。在对核装置引爆方式的采用上，他提出了"争取高的，准备低的，以先进的内爆法为主攻研究方向"的主张；关于武器装置的结构设计，郭永怀提出了"两路并进，最后择优"的办法，为第一颗原子弹爆炸确定最佳方案，该办法对一些关键问题的解决起了决定性的作用，不仅为第一颗原子弹研制投爆所采用，而且为整个第一代核武器的研制投爆所一直沿用。

◎郭永怀与青年工作者在一起

为了加快核武器的研制步伐，1963 年，党中央决定将集中在北京的专业科研队伍，陆续迁往青海新建的核武器研制基地。"两弹"研制基地位于海拔 3800 多米的高原地区，高原作业引发的身体浮肿、呼吸困难成为科研人员的家常便饭。试验现场环境恶劣，寂寞荒凉，却因为科研人员们夜以继日的奋斗成为他们的第二个家。因为工作的特殊性，郭永怀必须经常奔波于北京和青海之间，这样就更加重了高原反应复发的频率。但这一切的辛劳努力、一切的付出奉献都是值得的。1964 年 10 月 16 日下午 3 时，在西北高原浩瀚的沙漠上，一声巨响，中国的第一颗原子弹爆炸成功！郭永怀与朋友们眼含热泪，尽情欢呼，见证了这个激动人心的时刻。巨大的蘑菇云腾空而起，向世界宣告——中国是拥有核武器的强国！再不会任人欺凌，再不会委曲求全！

原子弹的成功爆炸，鼓舞着每一位科研人员，他们凝心聚力，投身于新一轮的战斗。1965 年 9 月，我国第一颗人造卫星的研制工作再次启动，郭永怀受命参与"东方红"卫星本体及返回卫星回地研究的组织领导工作，他每天早出晚归，连吃饭空隙都是在和战友们探讨实验中出现的问题。1966 年我国第一颗装有核弹头的地地导弹飞行爆炸成功，1967 年我国第一颗氢弹空爆试验成功，郭永怀为我国的核武器事业立下了赫赫功劳。

1968 年 10 月 3 日，郭永怀又一次来到试验基地，为我国第一颗导弹热核武器的发射从事试验前的准备工作。在青海基地的试验中，郭永怀发现了一个重要线索，他急着赶回北京，一刻也不等地要人抓紧联系飞机。他匆匆地从青海基地赶到兰州，连在兰州换乘飞机的间隙，都还认真地听取了课题组人员的情况汇报。可谁能想到，1968 年 12 月 5 日凌晨，郭永怀永远地离开了我们。他乘坐的飞机在降落时偏离开降落的跑道，扎向了 1 公里以外的玉米地，火焰冲天窜起……当工作人员到现场处理后续事务时，看到了令人震撼的一幕：郭永怀身上的那件夹克服已烧焦了大半，他和警卫员牟方东紧紧地拥抱在一起，当人们费力地将他俩分开时，才发现郭永怀的那只装有绝密资料的公文包夹在他们胸前，安然无损。

1968 年 12 月 25 日，中华人民共和国内务部授予郭永怀烈士称号；1999 年 9 月 18 日，中共中央、国务院、中央军委发布决定，对 23 位"两弹一星功勋"予以表彰，追授郭永怀"两弹一星功勋奖章"。

"华夏脊梁民族魂，一心无悔献微身"，共和国没有忘记这位赤胆忠心、鞠躬尽瘁的"两弹元勋"，南开也不曾忘记这位品学兼优的爱国志士，郭永怀永远是南开学子前进路上的模范和榜样！

"我是慕名而来"

　　八月十三/八月十三/这一天，天气格外暖/这一天，天空格外蓝/突然，一道喜讯传遍南开园/毛主席来了，毛主席来了！

　　这是 20 世纪 50 年代末毛主席视察南开大学后，我校师生所作的大型朗诵诗的开篇。

　　毛泽东主席与南开师生的交往可追溯至 1945 年。抗战胜利后，为避免内战，毛主席到重庆与蒋介石谈判。9 月 6 日，在南开杰出校友、中共中央副主席周恩来陪同下，毛主席到重庆沙坪坝津南村拜访了南开大学校长张伯苓。当时，张伯苓担任国民政府国民参政会副议长，毛主席对张伯苓十分尊敬，称赞他为中国的教育事业贡献良多。

　　1949 年 9 月，南开大学校务委员会主席杨石先作为教育界代表，出席了在北京举行的中国人民政治协商会议第一届全体会议。10 月 1 日，在天安门城楼上，毛主席亲切接见了应邀出席开国大典的各界代表。周恩来总理亲自将杨石先介绍给毛主席："这是天津南开大学的负责人、老科学家杨石先同志。"毛主席紧紧地和杨石先握手，并说："你在教育工作岗位上付出了多年的辛勤劳动。"

　　新中国成立不久，毛主席还为南开大学亲笔题写了校徽。1950 年清明时节，南开大学学生会组织同学们到北京八达岭郊游，中途住在了北京大学红楼。当从北大学生口中得知北大校徽是毛主席亲笔所题时，同学们都羡慕不已。回校后，大家一致商定，请毛主席为南开大学题写校徽，并推荐文笔好的同学给毛主席写了一封热情洋溢的信，表达大家的真诚愿望。这封信寄出后十几天，毛主席就回信了。据时任学校南院学生会主席李赫咺回忆，毛主席在回信中写道："来信收悉，照写于另纸。"

在随信寄来的一张八开元书纸上，毛主席用毛笔写了三四幅"南开大学"校名，有横幅也有竖幅，并在自己认为满意的一幅横写校名下挑了勾。学生会的同学们无比激动，立即把毛主席的回信和题字交给了秘书长黄钰生，并与学校总务部门一起找校徽制作厂家订制了学生用（白底红字）和教工用（红底白字）的两种款式。同学们佩戴上由毛主席亲笔题写的校徽，都感到无比自豪。

◎1950 年，毛泽东主席为南开大学题写校名

　　1958 年，南开大学走在教育革命的前列，师生过起不放假的"共产主义暑假"，尤其是化学系师生，成功研制出了农药"敌百虫"，被国内各大报纸相继报道，毛主席就是从《人民日报》读到这一消息的。1958年 8 月 4 日，毛主席离开北京，前往河北、河南、山东 3 省视察。8 月10 日，毛主席结束在山东的视察，来到当时的河北省会天津。在天津期间，他听取了河北省委和天津市委的汇报，考察了东郊区四合庄乡新立村农业社，参观了即将开幕的天津市工业技术革命展览会。

　　1958 年 8 月 13 日，虽然已经是立秋后 5 日，但天气依然炎热。上午10 点多，南开大学突然接到了中共天津市委的电话，对方称："最近，有一位党中央的重要领导同志，要到您校看一下，请做简单准备。"当时的南开大学党委书记高仰云，从行政楼上迅速走下，想要换身正式的礼服，来迎接这位重要的客人。高仰云双脚刚迈出楼门，迎面毛主席的车子刚好开过来停下了。毛主席健步下车后，热情地跟高仰云书记握手说："我是慕名而来，请带我到化学系敌百虫车间看看去！"

　　南开大学校长杨石先等人在第一教学楼（现综合试验楼处）前迎接，随后陪同毛主席到第一教学楼南侧（现蒙民伟楼处）平房小院，参观化学系"敌百虫"车间。这是几间普通实验用房，设备和仪器不多，刚刚投入生产。毛主席走进车间，环视整个车间后，详细询问了车间的生产情况，比如"敌百虫"有什么用途，原料获取有什么困难。并且关切地问："成本如何？老百姓用得起吗？"杨石先等——作了回答。毛主席又视察了"马拉硫磷"有机农药生产情况。"敌百虫"和"马拉硫磷"都是1956年从美国归来的陈茹玉教授带领青年教师研制的防治农业病虫害的杀虫剂。毛主席对我国自主合成的高效农药很重视，接着他兴致勃勃地来到"离子交换树脂"车间和"硝酸钍"车间。"离子交换树脂"广泛用于国防建设和经济建设，包括原子弹的研制。当毛主席得知刚从美国归来的青年科学家何炳林教授所主持的研究成果时，十分称赞他的开拓精神，主席一边看，一边满意地点头示意，赞扬大家"干得好！"并激励大家说："教育只有理论联系实际才有出路。"

有几位过路的同学正巧看见了毛主席正在车间里细心听取讲解员的介绍，他们按捺不住兴奋激动的心情，分头跑向各教学楼和宿舍楼，高呼："毛主席来了！毛主席来了！"毛主席来到南开的消息在校园闪电般传开，近千名师生纷纷奔向化学系实验室小院，向第一教学楼涌来，齐呼口号："毛主席万岁！"一时间，南开园沸腾了！

上午11时，南开大学芝琴楼前人山人海。"敌百虫"车间里，砖砌楼梯上，平场上，大中路两旁，中心花园里，到处挤满了南开师生。刹那间，人们的鼓掌声、欢呼声、祝福声响成一片。不多时，毛泽东主席从车间里走出来，他没有讲话，微笑着向大家特别是站在远处的人群招手致意，鼓掌还礼。杨石先校长、高仰云书记以及随从人员和保卫人员簇拥着毛主席艰难地走出小院，向着停放主席汽车的地方移动。密密丛丛的南开大学师生伴随着一浪高过一浪的欢腾的热潮，一睹领袖风采。

正当此时，有一位年纪轻轻的学生，奋力从层层人群中一跃而出，来到毛主席面前。这位学生身材较高，略清瘦，年龄不超过18岁，一双英慧的眼睛炯炯有神，望着毛主席。毛主席宽厚慈祥的脸上漾起微笑，他向这位来到自己身边的青年大学生伸出右手，热情地与他握手，并以浓重的湖南口音关切地问："你是哪里来的？""我故乡在湖南长沙！"又是一样的湖南口音。毛主席喜不自胜，对这位不期而遇的"小同乡"兴奋地鼓励道："好好学习！"这位同学名叫陈漱渝，1957 年夏，他以优异的成绩考入南开大学中文系。1962 年南开毕业后，他先是从事教育工作，后调至北京鲁迅博物馆鲁迅研究室供职，成为国内知名的鲁迅研究专家。

◎毛泽东主席视察南开大学并作出重要指示

午前，毛泽东主席通过南开大学与天津大学内部联通的湖心路，径直来到天津大学，重点参观考察校办工厂。下午一点半左右，毛主席在省市负责同志陪同下来到和平区劝业场后身的正阳春饭店。他还特地邀请了南开大学校长杨石先前来进餐。席间，毛主席对学校工作做出重要指示："高等学校应抓住三个东西：一是党委领导；二是群众路线；三是把教育和生产劳动结合起来。"这个重要指示在全国高校师生中引起热烈反响，成为我国高等教育发展的重要指针。

当晚，全校召开广播大会，传达了毛主席视察学校时做出的重要指示。会后，广大师生纷纷通过创作诗歌、歌曲等形式来表达振奋、喜悦的心情，并以更大的热情积极投身于教学、科研和生产之中，以优异成绩回报毛主席的亲切关怀。

8 月 13 日从此成为学校重要的纪念日，每年的这一天，南开师生总要举行各种形式的纪念活动，重温毛主席的谆谆教诲。

"我是爱南开的"

杰出校友周恩来总理曾经说过："我是爱南开的。"

新中国成立后，周恩来总理作为党和国家重要领导人，肩负千钧，日理万机，仍始终关怀着母校南开大学的发展。在担任总理的 26 年间，他于 1951 年、1957 年和 1959 年 3 次重返母校视察，在不到 10 年间接连视察一所高校 3 次，这是非常少见的。

◎周恩来总理曾说："我是爱南开的。"

1951 年 2 月 23 日，南开大学校长张伯苓先生逝世，周恩来总理连夜赶到天津，24 日一早，在吊唁张伯苓校长后，周总理参观了南开大学机械系实习工厂。看到同学们熟练地加工金属器件，他深情地说，新中国成立了，你们是幸福的，你们现在的学习条件比我们过去好多了，要努力学习，成为新中国的建设者。

1957 年 4 月 10 日，周恩来总理陪同波兰政府代表团访问南开大学，在对南开师生的讲话中，他说："如果我们老一辈的人要告诉你们一些经验的话，那就是你们要比我们更能够艰苦奋斗，更能够克服困难，更有能力寻求新的知识，增加新的知识。你们要能够比我们更好地创造未来的新世纪，使它能够不断地前进。"这些话给南开师生以巨大鼓舞。

1959 年 5 月 28 日，周总理第三次重返母校视察，邓颖超同志也一同前来。上午 9 时许，周总理先在第一教学楼听取了学校党委书记高仰云、教务长吴大任、副教务长滕维藻等人关于学校情况的汇报。听完汇报后，周总理本打算就近到思源堂参观，可听说全校师生已在图书馆东侧集合，他当即决定先赴会场与广大师生见面。3000余名师生员工齐集在新开湖畔、图书大楼前的广场上，学生们按照科系与年级以多路纵队排列，秩序井然。这时，总理出现在学校临时搭建的讲演台上，会场顿时爆发出一阵热烈的掌声。

◎1959年，周恩来总理回母校南开大学视察。

周总理虽已61岁，但依旧红光满面，神采斐然，两道浓眉下闪烁着一双深邃慈爱的眼睛，两鬓泛着清辉，身穿一件浅蓝色的半新中山装。总理没有准备演讲稿，而是以略带江苏口音的普通话侃侃而谈，令人觉得格外亲切和蔼。总理以通俗易懂的语言，向同学们揭示了处于过渡时期，特别需要增产节约的社会主义建设原则。临近结尾，他又一再谆谆告诫在场的南开学子们："要珍惜你们宝贵的青春，努力学习！"

中午时分，周总理在高仰云书记和杨石先校长的陪同下，步入学校生活区。路上周总理几次提到要到学生食堂就餐，他径直走向一间冒着炊烟的伙房，这是职工食堂的蒸饭间。大家还没反应过来，周总理就微笑着走进厨房，亲切地问候炊事员们。然后向一位双手沾满玉米面的师傅走去，热情地伸过手去与他握手。师傅连忙将手在水里涮了一下，却依旧不好意思把手伸过去。周总理看透了他的心思，温和地低声对他说："不要紧的，不要紧的。"一面紧紧地握住了师傅的手。

此时，食堂的开饭时间已过，周总理看到笼屉上还有午餐剩下的棒子面窝窝头，问过价钱后说："挺便宜，我买两个。来一盘熬萝卜，再加两分钱咸菜。"并招呼随行的省、市领导同志："就在这儿吃饭吧。吃饱了接着参观。你们忙了半天，肚子一定也饿了。来，一起吃吧，我请客。"说着，周总理便大口大口地啃起窝头来，一边嚼一边跟大家讲起自己在南开读书的时候，去校长张伯苓家吃贴饽饽熬小鱼的故事。吃完饭，周总理叮嘱随行秘书务必把这一餐所需的费用和粮票，如数交给食堂。

午饭后，周总理不顾半日的疲劳，看望了冯文潜教授。冯文潜比周总理年长两岁，1912 年考入天津南开中学，周总理较他低两级。两人在创办敬业乐群会中，相识相知，于 1917 年在南开分别，然后天各一方。冯文潜先是留学美国，后留学德国。回国后，先后任西南联大暨南开大学外文系、哲学系及文学院教授，又兼南开大学图书馆馆长。两人共同回忆学生时代朗诵诗歌的情景："大江歌罢掉头东，邃密群科济世穷，面壁十年图破壁，难酬蹈海亦英雄。"这首诗写于 1917 年，周恩来总理时年 19 岁。冯文潜先生满怀深情地回忆道："当年恩来的诗一出，同学们奔走相告，无不为你的远大抱负和报国情怀所感动。"

午后，2 时 30 分左右，周总理开始视察南开大学图书馆，他们从一楼藏书室、阅览室开始，然后拾级而上，依次登上二楼、三楼、四楼，乃至五楼阅览室。总理每至一处，总要关注和问询工具书的设置情况，资料是否完备，还要检查一下同学们的自修状况。

外文系英语专业一年级的教室正好在图书馆大楼底层，这个班的同学刚下了体育课回到教室。周总理在校领导的陪同下走进教室，冲大家挥了挥手，原本吵吵嚷嚷的教室一下子安静了，"哗哗哗——"不知是谁带头鼓掌，同学们也跟着起劲儿地鼓起掌来，有同学在黑板上写下了九个大字："欢迎周总理来校参观！"周总理一边跟同学们握手，一边询问他们的课程安排、学习时长，"你们有没有政治课，讲不讲政治经济学？"周总理询问道。班上负责学习工作的高秋福同学向总理汇报说："我们一年级有政治课，是集中时间到校办工厂和学校外面的工厂、农村参加劳动。从二年级开始才上马克思主义哲学、政治经济学和文艺理论课。"听到这些，时刻关心着学生们政治上成长的周总理满意地点点头。

周总理这次调研的重点之一是大学的教育质量问题，他深入学生中间了解情况。在化学系，他与同学们座谈政治课教学，要求大家努力学习马克思主义理论和毛泽东主席的著作；在物理系，他翻阅同学们的读书笔记，询问学生课时安排和科研小组情况，参加了学生的"增产节约"讨论会；在学生宿舍，他了解学生订阅报纸的情况，阅览学生办的时事政治墙报，鼓励同学们关心国家大事；在图书馆，他和历史系学生讨论有关曹操的评价问题，鼓励同学们独立思考，积极参加学术活动。他还一口气登上图书馆五楼，俯瞰操场上学生体育锻炼的情况。

周总理还来到了第二教学楼的化学系高分子实验室和第三教学楼的物理系实验室，视察了经济研究所，并指出，不仅要研究国内经济问题，还要加强对英、美等国经济状况的研究，同时要重视经济数据的统计分析。周总理十分关心在国外的南开校友，他向吴大任、冯文潜一一问起校友们的情况，真切地希望他们回来，参加祖国的社会主义建设。

周总理对南开寄予深切希望，他满怀深情地说："南开在新的时代，有新的校风，有新的教学特点，要保证质量，真正能够很好地为社会主义服务，为将来的共产主义服务。"

周总理的到来，极大地鼓舞了全校师生员工的工作和学习热情。周总理的讲话，使南开师生更加坚定了坚持教育质量的办学方向。一个月后，历史系毕业班同学给周总理写信，决心听从他的教导，服从祖国分配。学校修订了教学计划，合理安排学生学习、科研、社会活动和生产劳动的时间，减轻学生负担。多少年来，南开人始终牢记杰出校友周恩来总理的殷切希望，努力为中国教育事业的发展贡献力量。

走中国自己的农药发展道路

　　杨石先先生是我国化学界泰斗、教育界的一代宗师，中国现代化学和农药化学的奠基人，也是南开学校继张伯苓校长之后在任时间最长的一位校长。

　　1897 年 1 月 8 日，杨石先出生于浙江杭州的一个官宦世家，家中长辈希望他像曾祖父一样有才学，便为他取名绍曾。石先是杨绍曾的号，后来他在天津报纸上见到另有人名为杨绍曾，故以石先为名。杨氏家学渊源，十分重视对晚辈的教育。杨石先刚满五岁时，便被送到家中私塾和亲族的兄弟们一起识字读书，因而熟读《千字文》和唐诗宋词。后来，杨石先在工作之余时常翻看唐诗宋词，他说："见到这些诗词就像见到老朋

◎杨石先

友一样。"为了使两个儿子受到良好且全面的教育，杨父专门聘请教师讲授四书五经、历史、数学和地理，这为杨石先后来的学业打下了基础。

　　1911 年，杨石先考入清华学堂，1913 年顺利毕业升入高等科。奈何时局动荡、风雨如晦，父亲深感在官场难以自处，急流勇退，辞官赋闲，自此，家道中落，母亲大病一场，一家人主要依靠父亲卖文鬻字为生。家庭环境的剧变让十几岁的杨石先意识到一切只能依靠自己的努力，于是他利用课余时间为低年级学生补课，补贴家用。对于这段生活，杨石先在《自传》中写道：

家庭情况如此，国内外形势又如何呢？国内军阀专横，内战不息，民生凋敝，外侮日亟。国际则德英争霸，欧陆风云紧急，日本野心勃勃，想乘机吞并东亚。整个局势，十分危殆，头脑稍为清楚的人都为之惶恐焦虑，深感不安。所以我在少年求学时代始终以最严肃的态度对待学业和锻炼身体，其余一概置之不问，以期自己学成之后负起重建家庭和复兴祖国的责任。当时以为中国最根本的问题是国内广大人民未受教育，不能发挥政治作用。而掌握政权的人又都是无良心的政客和无头脑的军人，互相勾结利用，既无政治经济常识，又不懂得科学技术的重要性，以致一切落后，无法抵抗，听人宰割。特别是科学，它是新时代教育的重要组分，为技术的源泉，如果中国不能掌握、发展，则永远不能脱离落后的地位。这亦就是教育和科学救国论的看法，自己对之深信不疑，绝未想到在帝国主义操纵下，可能是一条走不通的途径！

位卑未敢忘忧国。杨石先坚定科学救国的理想信念，在清华的七年里，他学习勤奋刻苦，每年成绩都名列前茅。1918年夏，他以优异成绩取得去美国留学的资格。

因为杨石先填报的志愿是农科，所以被分到了农科享有盛名的美国康奈尔大学学习。康奈尔大学重视大学部的教学水准，一些初等课程常由著名教授讲授。但是后来，学校出色的农学教授大都被派往欧洲，帮助恢复遭到第一次世界大战破坏的农业。杨石先并未因此感到十分沮丧，而是决意另辟蹊径。他敏锐地察觉到，化学在人类生活中的地位越来越重要，学好化学可以振兴民族经济，发展国防事业；他又在学习植物学时发现，农业的进步是和应用化学的成就分不开的。于是，第二年他转入应用化学科，这成为他一生从事化学工作的开始。

1922年，杨石先以优异成绩从应用化学科毕业，进入研究院。第二年，他接到家书，得知杨氏大家庭分家后，父亲入不敷出，自家经济陷入十分困难的境地，只得用完成的论文通过硕士学位考试，启程回国。

回国途中，他在船上与清华同学李济相遇。在哈佛大学取得博士学位后的李济已受聘于南开大学，后来成为著名的人类学及考古学专家。李济推荐杨石先来南开任教："南开大学张伯苓校长办学出色，他那里正缺化学教授。"彼时，南开大学经费紧张，教员缺乏，首届毕业生仅有12人，基础设施和工资待遇远不如一些政府管辖的学校。在了解了南开"育才救国"的办学理念之后，经过多方面考虑，杨石先最终选择了以爱国救国为目标的南开大学，从此开始了教育生涯，潜心于"科学救国"与"教育救国"之路。

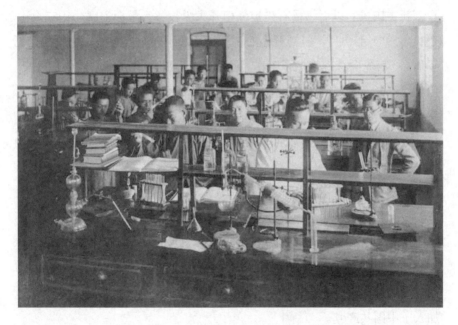

◎20世纪二三十年代的南开大学，杨石先（右一）指导学生做化学实验

在南开，杨石先和邱宗岳教授共同担负着全校化学课的教学工作，深得学校信任和学生爱戴。1929年，他得到学校资助，再次赴美深造。张伯苓校长对他说："你是南开享受教师学术休假制的第一个人，出国期间的工资照发。"他在耶鲁大学任研究员时，承担杂环化合物合成的研究工作，因成绩出色被推选为美国"科学研究学会"荣誉会员。1931年，他在耶鲁获得化学博士学位后，前往欧洲，访问了许多著名学府。在德

国，他谢绝了诺贝尔化学奖获得者威朗教授的挽留，回南开继续执教。抗日战争胜利前夕，杨石先赴美考察教育，在印第安纳大学从事一种中国植物抗疟要素的化学性能的研究工作。由于表现出色，他被推选为美国"化学学会"荣誉会员。1947年，当杨石先准备回国时，该校化学系主任兼研究院院长挽留他说："你们国家正在打仗，华北就要成为战场。您可以把家眷接来，在这里从事研究工作。我们非常需要像您这样有才干的人。"杨石先毫不迟疑地回答："我们国家更需要人，我要把我的知识奉献给祖国。"

新中国成立以后，杨石先担任南开大学校务委员会主席，1957年任校长。1954年9月，应杨石先的请求，周总理在中南海西华厅单独接见了他。杨石先向总理汇报了工作，之后周总理说："你是科学院学部委员、化学组组长，应把精力集中在科研工作上。我们国家科研队伍很小，力量很薄弱，应尽可能地加强这方面工作。"总理勉励他坚定"教育救国""科学救国"的理想，潜心科研工作。杨石先按照党和国家的要求，响应"向科学进军"的号召，带领全校师生积极开展科学研究；同时，他服从真理，却不盲从谬误，用科学家的严谨态度从事学校领导工作，在吴大任副校长协助下将学校行政工作处理妥善。党的关怀和期望，激励他不断取得政治上、思想上的进步。1959年，在听取了周恩来总理接见京津部分知识分子时所作的长达六小时的报告后，他被周总理的纯洁党性和振兴国家的理想信念所打动。1960年3月21日，63岁的杨石先光荣地加入了中国共产党。

1977年，邓小平同志召集全国三十多位科学家、教育家开座谈会，研究如何把科研、教育搞上去。杨石先被邀请参加了座谈会。他在会上提出了包括组建国家科委、恢复高考以选拔人才等四点重要建议。1979年，众望所归的杨石先重新被任命为南开大学校长。

"文革"结束后，年逾八旬的杨石先满怀信心地开始着手恢复元素所的科研工作。由于进行的是应用课题的研究，而元素所此前大部分骨干被调走，十几年间所里几乎没有获得新的研究仪器，而许多已有的设备已被损坏。经过杨石先的多方筹划，在短短的二三年时间里，所里相继调回了一些科研骨干，收回了农药中试车间，争取联合国贷款从国外购置了先进仪器设备，建立了毒理室、激素组和剂型组，健全了农药科研体系。此外，他还积极指导该所科研工作的恢复和发展，带头讲授基础课、译书和培养研究生。

◎杨石先校长带头讲授基础课

20世纪70年代末期，国内兴起了一种将农药与环境保护对立起来的观点，认为植物的病、虫、草害将由生物防治取代化学防治，致使在我国农药产量还不能满足需要的情况下，出现了几十种农药停产的现象。基于对世界农药领域发展趋势的长期观察和研究，杨石先对解决农药污染问题持乐观态度。他在一个讲述"现代的化学农药"的报告中明确指出："化学防治在任何国家中至今都是重要的植物保护手段，而且仍在发展之中。环境问题的提出使化学防治手段受到冲击，确是一件大好事，使我们考虑如何战胜污染，保护环境。包括化学、生物在内的综合防治才是植物保护唯一正确的方针。"正是由于他不断地给科研工作以权威性的指导，元素所成功地研制出杀虫剂、杀菌剂和除草剂等十几种新农药，让中国人能够走自己的农药发展道路。

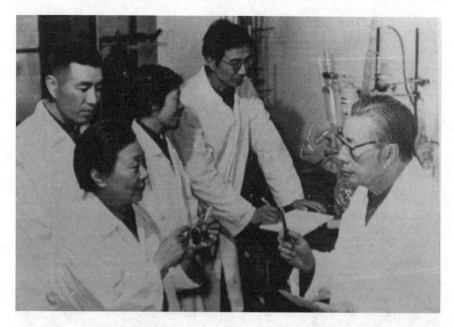

◎杨石先校长（右一）在实验室中听取陈茹玉（左一）、李正名（右二）等人的汇报

谦谦君子，宁静致远；百世之师，桃李满园。杨石先一生严以律己、宽以待人、治学严谨、和蔼可亲，培育出了一大批优秀的人才。这些学者们活跃在我国化学界以及理、工、农、医领域，如量子化学家唐敖庆、有机磷化学家胡秉芳、生物物理学家邹承鲁、高分子化学家何炳林、农药化学家陈茹玉、无机化学家申泮文、金属有机化学家王积涛、有机化学及农药化学专家李正名等都曾是他的学生。申泮文院士在《怀念严师杨石先教授》一文中感念老师在学业与生活上的帮助，特别是在自己经济困难时，石先先生特批他每月到南开大学驻昆明办事处支取10元补助。李正名院士牢记老师的教导："走中国自己的农药发展道路，创制我国所

需要的更多更好的新农药。"于是，他在 20 世纪 90 年代带领团队研制出了具有自主知识产权的绿色农药，打破了发达国家在此领域的垄断。

南开马蹄湖的湖心岛上矗立着周恩来总理纪念碑，正中镌刻着周总理的手书——"我是爱南开的"六个金色大字，碑背面镌刻的便是由杨石先亲笔书写的碑文。杨石先在世时十分钟情这个小岛。1985 年 2 月 19 日，杨石先与世长辞。遵照先生遗愿，他的骨灰埋葬于马蹄湖湖心岛周围的松柏丛中。他把一生献给了南开，献给了他钟爱的教育和科学事业，也献给了他热爱的祖国。南开人延续杨石先精神，在校园里敬立杨石先塑像、种植石先林，将他生前工作过的地方命名为石先楼，编演"共和国的脊梁"原创话剧《杨石先》，以表达对这位"学者楷模、人之师表"的南开校长的永远怀念。

为国防科学技术事业隐姓埋名

在百年南开的长河中，有这样一个人，像原子弹中不可或缺的铀元素一样，名字虽不广为流传，却为国家的科研事业，特别是国防科学技术的发展作出了卓越贡献。

南开人可以自豪地说出他的姓名——何炳林。

爱国之火激扬的青春年华

何炳林的青春岁月一直与"爱国"二字相伴牵。

1918年8月，何炳林出生于广东番禺县沙湾村。他的父亲何厚珣是一位经营谷米业的商人，十分重视对孩子们的教育，务求他们成才后救国报国。何炳林的二哥和六弟都是学有所成的栋梁之材。儿时的何炳林喜欢爬树养鸟，何厚珣决定送他到以管理严格著称的广州培正中学读书。在那里，何炳林初步接触了科学知识，为日后的学业和研究打下了坚实的基础。

何炳林高中毕业时，抗日战争爆发。日寇冰冷的铁蹄无情践踏着风雨飘摇的祖国。目睹了日日生活在水深火热中的同胞和腐败无能的国民党政府后，熊熊爱国之火在青年何炳林的胸中燃烧。他跋涉一千多公里，从中国的东南角来到了地处西南的昆明，成为西南联合大学化学系的一名学生。

与何炳林同班的还有一位同样千里迢迢而来的女生——陈茹玉。陈茹玉是天津人，日寇将要占领天津时，她见弟弟打扮成农民的样子出城去西南联大读书，也不顾家中阻挠，毅然动身前往。这一南一北两位青年在西南联大结缘，于1946年结为夫妻，恩爱一生。何炳林晚年接受采

访时回忆起与妻子结识的往事：那时陈茹玉很受
男生欢迎，多亏两人恰巧分在了同一个试验台，
平时又常在一起自习，他才幸运地"近水楼台先
得月"。

◎西南联大时期的何炳林

1942 年 6 月，何炳林在西南联大毕业。他
选择留在化学系做研究生并兼任助教。1945 年，
国民党制造"一二·一"惨案，何炳林看到昔日
同窗被军警特务殴打、被手榴弹轰炸，义愤填膺。
受害的同学大多是参加民主运动的共产党员，何
炳林深受触动，自此积极投身于爱国民主运动当中。

1946 年，何炳林夫妇同到南开大学任教。时局依旧不容乐观，夫妇
二人为了实现"科学救国"的抱负，先后于 1947 年、1948 年赴美留学。
临行前，何炳林的友人问他什么时候回来，何炳林沉重而坚定地回答："等
共产党执政时就回来！"

1952 年，何炳林、陈茹玉夫妇在美国印第安纳大学取得了化学博士
学位。当时学有所成的二人原想争分夺秒回到祖国，但美国当局武装干
涉朝鲜战争，并下令凡是在美学习理、工、农、医的中国学生一律不准
回国。何、陈二人归国之梦破碎。为在美国维持生计，何炳林在纳尔哥
化学公司担任有机化学副研究员，1954 年升职成为高级研究员。也是在
这一年，南开大学化学系的陈天池教授希望何炳林能帮忙买 2 磅碱性离
子交换树脂。何炳林去生产厂商问过才知道，这种树脂是国防用品，不
允许出售。进一步了解后，他得知树脂可以用于铀矿提取、分离原子弹
原料铀。这次侵略朝鲜，美国就用原子弹作为威胁中国的筹码，何炳林
立即想到，中国也要有原子弹，否则就要被欺负！他向公司提出申请，
将研究方向改为强碱性阴离子交换树脂，开展相关研究。

已经在美国过上安稳富足生活的何炳林始终放不下对祖国的牵挂。
他数次向美国政府递交回国申请书，也因此多次受到美国移民局的审讯，
被严令禁止回国。1953 年，中美即将进行停战谈判，何炳林立刻联合同

学好友，共同给周恩来总理写了一封要求回国的联名信，信中控诉了美国强行扣留留学生的无理行为。1954 年，周恩来总理率中国代表团与美方会晤，美国时任国务卿杜勒斯矢口否认扣押学生的事实，周恩来便拿出这封联名信，杜勒斯无言以对，只能承认。

1955 年，美国终于同意何炳林回国。离开美国前，何炳林用自己的积蓄购买了 10 公斤苯乙烯和 5 公斤二乙烯苯。它们是制造离子交换树脂的原料，允许出售却不允许带离美国。出境时，何炳林夫妇带着大小十只箱子，其中最破旧的一只藏着原料。当时海关要求每只箱子都要接受检查，夫妻二人一下紧张起来。陈茹玉急中生智，对检查人员说："我们箱子多，你检查起来也不方便，我给你点钱，不如挑几只箱子查吧。"检查人员收了 10 美元，果真没有检查装有原料的箱子，何炳林夫妇得以顺利过境。

1956 年 2 月，何炳林与夫人终于回到了他们阔别十年之久的祖国。他们来到南开，受到昔日恩师杨石先和其他师生的热烈欢迎。

只愿一心为祖国

回国后的何炳林立即投身于科研工作中，只用了两年就合成出当时世界上已有的全部离子交换树脂品种。1958 年，何炳林任高分子教研室主任，同时主持建成南开大学化工厂。这是中国第一家专门生产离子交换树脂的工厂。毛泽东、周恩来先后于 1958 年、1959 年来到工厂和研究室视察。

何炳林总是能绘声绘色地说起与周恩来总理见面时的情景。"我向总理汇报这个室的工作时，总理听得是那样认真，我没有说清楚的地方，总理总不断地提出问题。"他深情回忆道。当周恩来听说何炳林是 1956 年回国时，他沉默了一会儿，若有所思。何炳林想：总理也许是回忆起了当年他们这批留美知识分子要求回国时写给他的信。同周总理亲切交流的这一个小时，被何炳林称作"最难忘的一天，最幸福的时刻"。

◎何炳林在实验室工作

化工厂在何炳林的带领下，成功生产出了可用于提取铀的树脂。这批树脂被首先提供给国防工业部门，为中国原子弹的研发作出了不可磨灭的贡献。国防科研工作属于国家机密，不能对外公开。比何炳林的进度滞后三年的捷克科学家率先发表了成果，被誉为"吸附树脂之父"。对此，何炳林平静地说："那是由于保密的需要。我个人的荣誉问题不大，最重要的是服从国家的安排。"

而当遥远的罗布泊在 1964 年传来一声轰天巨响，中国向世界宣告有了自己的原子弹时，何炳林含着热泪对妻子说："我们回来对了，报国的愿望终于实现了！"

报国之志初成，何炳林本想再接再厉，为国家的国防科技事业再添薪火，"文革"却意外到来。他被迫离开了实验室和车间。即使是这样，何炳林依旧无法放下科研和他爱国报国的初心。他利用一切可能的机会学习国外的先进科学知识，尽管不被允许进入化工厂，何炳林依旧不顾自身受到的损害，希望用自己的力量为人民挽回一些损失。一位化工厂的同志动容地回忆道："即使他无力回天时，他还是要做，能做多少算多少。"知其不可而为之，何炳林用这样执着而顽强的方式履行着他报效祖国的诺言。

1978 年，何炳林申请入党，1979 年正式成为一名光荣的共产党员。此后，何炳林一心投身于科研和教育工作，取得了一项项引人瞩目的成果。

1980 年，何炳林被评为全国劳动模范并与妻子陈茹玉双双入选中国科学院院士。1981 年被评为天津市特等劳动模范。1984 年，南开大学将高分子研究室扩充为高分子化学研究所，何炳林任所长。在他的带领下，南开高分子学科于 1984 年被国家批准为重点学科，1985 年建立博士后流动站，1989 年建立"吸附分离功能高分子材料"国家重点实验室。

1988 年，国防科工委为何炳林颁发"献身国防科学技术事业"荣誉证章，何炳林的名字和他所作出的贡献才逐渐被人们知晓。

除了是一名优秀的科学家，何炳林还是一位出色的教育家。几十年来，他投身教育一线，尽心尽力指导学生。他曾有四名学生被安排在化工厂做毕业论文，六十多岁的何炳林便坚持每天步行往返四公里指导、审核学生们的实验。学生们聊起往事，发现他们在上学期间居然都在老师家里吃过饭，都受过何、陈夫妇的照顾。陈茹玉记得每个学生爱吃的菜，还会在学生生病时打着手电去送药。夫妻二人被学生们亲切地称作"父母一样的导师"。

何炳林将一生精力全部置于基础和应用研究，在国内外发表论文 600 多篇，综述文章 100 多篇。他的大孔树脂基础和应用基础理论获得 1987 年国家自然科学二等奖。他还十分重视国际学术交流，曾亲自前往加拿大、日本、苏联、美国等国家，介绍中国的离子交换树脂成果，积极和当地大学、科研机构建立友好合作关系。他的科研和教学成果，为我国的国防科学技术事业贡献了生生不息、历久弥新的力量。在何炳林身上，我们看到南开人内敛沉稳、坚毅开放的胸怀，深刻领会到"知中国，服务中国"之于南开人的深远内涵。

2005 年，何炳林、陈茹玉共同捐出 40 万元积蓄，设立了"何炳林奖学金"和"陈茹玉奖学金"。奖学金评定条件有三个：第一是爱国，第二是功课好，第三是家境贫寒。"爱国"的精神贯彻两位先生的一生，也将长久地传承下去。

◎ "院士双星"何炳林、陈茹玉夫妇

2007 年 7 月 4 日，何炳林因病逝世于天津，享年 89 岁。

先生已去，精神长存。何炳林用一生的勤奋工作、满腔的爱国情怀为祖国的国防科学技术事业贡献了知识和技术的宝库。我们永远怀念先生，他的名字将在南开、在中国国防科技史上熠熠生辉。

强国梦

从数学大国到数学强国梦

1980 年初，我们在中国多地的大学讲堂上听到了这样一句话："我们的希望是在 21 世纪看见中国成为数学大国。"这句豪气凌云、掷地有声的话正出自国际数学大师、南开校友陈省身。1988 年，陈省身又提出："中国应该成为 21 世纪的数学大国。"这两句话，被人们称为"陈省身猜想"。陈省身用一生的学术耕耘，坚定而从容地将他的"猜想"验证为事实。

◎陈省身

天资聪颖的数学少年

1911 年 10 月 28 日，浙江嘉兴，一位将要用传奇人生改变近现代中国数学面貌的大师降生了。曾子曰："吾日三省吾身。"这位大师便是陈省身。

陈省身从小就展现出过人的数学天赋。他的父亲陈宝桢教会他阿拉伯数字和数学算法，之后他便能自己做《笔算数学》中的题目。

八岁时，陈省身进入秀水县县立小学读书。在第一天上学放学前，他的老师不知为什么拿戒尺打了每一个学生的手心，只有陈省身免于受罚。这样一件事后，陈省身第二天说什么也不肯上学去了。

而一年后，这位只读过一天小学的小小少年竟直接考入秀州中学预科一年级。

1922 年秋天，陈省身的父亲到天津法院任职，陈省身也跟随家人迁往天津居住，并进入扶轮中学学习。在这里，陈省身的心中播下了数学的第一粒种子。扶轮中学经费充裕，师资雄厚，特别是拥有许多出色的数学教师。校长顾费庭甚至亲授"几何"课。其实，那时陈省身并不十分努力，全凭兴趣学习，数学是他最好的功课，总能帮助他提高总分。他也因此成为班里年纪最小的优秀学生。那时他还格外喜欢去图书馆，各个门类的书都有所涉及。

1926年，陈省身从扶轮中学毕业。他原本打算报考唐山大学，但当时国内军阀混战，铁路中断，只好作罢。陈省身父亲的朋友钱宝琛当时在南开大学任教，他力荐陈省身报考南开大学。于是，不到15岁的陈省身从南开中学借来了一本从前从未学过的"解析几何"教材，自学三个星期，最终以数学第二名的优异成绩被南开大学录取。

在南开大学学习期间，陈省身如鱼得水。也是在南开，陈省身确定了他一生的奋斗方向——数学。

陈省身在南开也修过国文、化学、物理等科目，但经过实践，发现自己并不十分擅长。当时国文老师出题做作文，陈省身一堂课能写出好几篇。有同学找他要，他就把最好的一篇留下，其余送人。可发作文成绩时，给别人的作文反倒比自己"最好"的那篇分数高。化学实验课上，助教赵克捷先生给陈省身一张写着化学仪器英文名字的单子，让他与柜中的仪器对照，这令陈省身十分为难。那节课还要吹玻璃管，陈省身也做不好。改修物理后，他发现自己不喜欢做物理实验。后来被问及"为什么决定学数学"时，陈省身幽默地回答道："当时我中、英文都不好，又不会做实验，就只好读数学了。"

在南开数学系的时光对陈省身而言是充实且意义重大的。在这里，他遇到了对他的人生产生了重大影响的姜立夫先生。姜立夫是哈佛大学的博士，授课严谨生动、引人入胜。1926级数学系只有五人，除陈省身外，著名数学家吴大任也是其中一员。二人是姜立夫的得意门生，跟随姜先生学习"线性代数""复变函数论""微分几何""非欧几何"等课程。二年级时，姜立夫和张锡禄（张伯苓长子）两位教授先后请陈省身做助手，批改卷子，每月报酬十元。那是陈省身人生中第一份劳动报酬。

心系祖国的数学大师

1930—1972 年，陈省身多次辗转海内外，在动荡中完成了他学术生涯中许多重要的成果。

1930 年，陈省身大学毕业。他来到清华大学继续读研究生，并在那里结识了华罗庚。1932 年春天，德国汉堡大学数学教授布莱希特到北京大学讲学。布莱希特是 20 世纪最伟大的数学大师之一，深受陈省身景仰。陈省身硕士毕业后原本可以被派往美国留学，但他因崇敬布莱希特而选择申请了德国汉堡大学。在德国留学期间，陈省身逐渐认识了嘉当理论。他的博士论文就是探讨嘉当方法在微分几何上的应用。嘉当是著名的法国数学家。1936 年，陈省身在布莱希特的建议下前往法国跟随嘉当进行博士后研究。嘉当为人和蔼，学生众多，来办公室见他的学生总是排着长队。嘉当独具慧眼，特别允许陈省身每两周到家里面谈一次，每次一个小时。陈省身后来回忆说："当时能够理解嘉当工作的人还不多，我得意的是很早就进入这一领域，熟悉了嘉当的工作。"

在山河飘摇的岁月中，陈省身虽时居海外，但一颗爱国的拳拳赤子之心始终是他不曾磨灭的坚守。

1937 年，抗日战争爆发。陈省身怀着沉痛的心情毅然回到祖国，奔赴由北京大学、清华大学、南开大学合组的国立长沙临时大学任教。战火蔓延，陈省身又随学校前往昆明，在著名的西南联合大学讲学。在西南联大，陈省身与研究生时的同学华罗庚和日本史专家王忠信同住。三人每人一张床，一个小书桌，一把椅子，一个小书架，在"充实"的环境里愉快工作。

1939 年 7 月，陈省身同郑士宁女士结婚，新房就在西南联大附近、数学教授姜立夫先生的楼下。

陈省身治学刻苦，每年都有论文在国外发表。1943 年，当时的世界数学中心——美国普林斯顿高级研究院邀请他去从事研究工作。在那里，陈省身完成了他"一生数学工作的突破"。他成功证明了高斯-邦尼公式，又引入被称作"陈省身示性类"的工作，使微分几何进入了一个新时代。

1948年，由于国内局势紧张，陈省身被迫与祖国分离。为养活家庭，陈省身先后接受了美国芝加哥大学和伯克利加利福尼亚大学的聘任，培养出了几十位优秀的数学博士。1961年，陈省身被选为美国科学院院士。他获得了美国数学协会颁发的肖夫内奖，后又荣获国际数学界的最高奖——沃尔夫奖，被尊为"微分几何之父"。

在五六十年代留居海外的日子里，陈省身无一刻不牵挂着祖国，总是渴望能早日回归祖国的怀抱。他数次收到友人邀请他回国的消息，但都因时局凶险而无奈搁浅。陈省身像一棵干枯的树，遥望着远在数千里外滋养他成长的母亲河。1972年尼克松访华，中美关系有了新的转机。陈省身抓住机遇，终于和妻子、孩子一同回到了魂牵梦萦的祖国。

寄予厚望的"第三个孩子"

改革开放后，经邓小平批准，陈省身到南开大学执教，成为当时中国引进的第一位外籍高层人才。

◎1985年南开数学所成立

20 世纪七八十年代，陈省身得以时常回国开展数学研究和教学工作。已到耳顺之年的陈省身总是心怀这样一个愿望：为中国培养数学人才。怎么培育人才？答案要从南开数学研究所这个倾注了陈省身后半生心血的地方说起。

为筹建南开数学研究所，陈省身捐款一万美元，捐献图书近万册。他还立下遗嘱将全部财产分给自己的两个子女和南开数学研究所这个"新生儿"。此后他又捐款一百万美元建立了"陈省身基金"，供数学研究所发展使用。

在陈省身的努力以及大学时的挚友吴大任和南开时任副校长胡国定的积极奔走呼吁下，1985 年 10 月 17 日，南开数学研究所正式成立。一向不喜行政工作的陈省身欣然接受了所长的职务，胡国定和姜立夫的长子姜伯驹任副所长。

陈省身对这"第三个孩子"寄予了殷切的希望，投入了无限的热情。从 1972 年开始，陈省身偕夫人数十次远渡重洋，往返于中美两地。胡国定回忆：陈省身每年来南开两次，每次两个月，而回到美国时就与自己书信沟通。陈省身总是一丝不苟地将每一封信都编上序号，信中条目也用数字一一标明。一次，胡国定收到陈省身的来信，信中说某号信的某一条尚未收到答复。胡国定深受触动，从那以后也养成了为自己的信编号的习惯，不敢有误。

研究所建成的第二年，学校要召开一次规模较大的国际学术会议，可是招待所不能如期竣工，大家心急如焚。陈省身坚持每天下午都去工地和工人们聊天。工人们很快和这位名扬四海的大数学家建立起真挚的友谊，他们对陈省身说："要是使使劲儿，提前完成还是有可能的！"于是工人们加班加点地赶工，最终在会议前建好了招待所。

南开数学研究所是数学的圣地，更是培养数学人才的摇篮。陈省身将希望寄托在中国的青年人身上。他始终认为中国人具备学好数学的潜能。只要刻苦钻研，中国数学不会比西方差。高瞻远瞩的陈省身还主张人才不仅要教得好，还要留得住。为了激励人才扎根中国，陈省身殚精竭虑。张伟平是当时南开数学所一名优秀的青年教师。陈省身为了这位年轻人的奖金操了不少心。他四处奔走，亲自为年轻人争取福利，全然不顾自己患了重感冒，嗓子哑得话也说不出。

正是在这来之不易的"第三个孩子"的基础上，陈省身提出了"让中国成为数学大国"的猜想。而到 21 世纪，中国的数学确实有了长足的发展，数学大国的轮廓日渐清晰。

走向国际的数学强国梦

2002 年夏天，国际数学家大会在中国北京举行。这是这个被誉为"数学界国际奥林匹克"的数学盛会首次在发展中国家举办。陈省身为这次大会做了大量工作，"要通过这个会议把中国今年的数学成就介绍出去，把世界的先进理论吸纳进来"。

◎90 岁高龄的陈省身先生为本科生授课

面向世界，实现中国从数学大国到数学强国的飞跃，这是陈省身为21 世纪的中国数学制定的新坐标。陈省身曾对胡国定说："只有当中国能够吸引世界上最优秀的数学家前来工作的时候，数学强国的理想才能实现。"陈省身提出要建一所国际数学研究中心。国家和南开大学大力支持。

2005 年，南开大学"省身楼"正式投入使用。中国在实现数学大国到数学强国的飞跃过程中，又迈出了坚实的一步。

2004 年，93 岁的陈省身与世长辞。这位用几何图形绘制辉煌的人生彩卷，用赤诚心血构筑"数学强国"宏梦的世界数学大师，留下一生丰硕深奥的学术成果和勤奋无悔的坚定背影，安详地长眠于南开这片温热的土地。而每逢陈省身先生诞辰和逝世纪念日，师生都会通过各种方式表达致敬、缅怀。今天的南开仍在实现数学强国的道路上发挥着不可或缺的中坚作用。在这方有大师的星光照拂的土地，南开人自信地在数学之路上坚毅前行。

埋下"经世致用"的种子

百年南开，公能日新。在一个多世纪的发展历程中，南开始终坚持"公能"校训，培养学生"爱国爱群之公德"与"服务社会之能力"。如今，南开精神早已内化为南开学子投身"兴学强国"经世大业、为民族复兴不懈奋斗的强大动力。正如南开先贤喻传鉴先生所言："'公能'二字为全校精神之所寄：先生之所施教，本此二字；学生之所努力，也本此二字。"

南开走出了一条独具特色的办学道路：创校初期，本着"育才救国"的目的，设立文、理、商三科，学习西方的教育模式；二三十年代，经过全校师生的大讨论，以解决中国实际问题为导向，陆续设立化学工程系、电机工程系、经济学院、东北研究会、经济研究所、应用化学研究所等直接为社会服务的系科和研究机构；改革开放后，为适应国家现代化建设的需要，积极改造调整学科，发展新学科专业，为南开形成文理并重的学科格局奠定基础。在历史转折发展的重要关头，南开人牢记"致力于学术，服务于社会"的宗旨，"做经世致用之学问"，扎身中国实践，为国家的发展贡献南开力量。而我们的故事则要从1978年开始讲起。

1978年，党和国家迎来历史转折。南开大学的学科建设也面临着新的发展。此前，中国社会学相关研究与教学工作中断了30年。6月，中国社会科学院的著名学者预见今后的社会发展需要社会学，率先提出了恢复重建社会学的主张。这一建议得到党中央高度重视。时任中国社会科学院院长胡乔木约见著名社会学家费孝通先生，请他出山来担负重建中国社会学的重任。此时，费孝通已经将近70岁了，他刚刚在经历磨难后"重获新生"。一开始，费孝通心存顾虑："我原本没有学好，又荒疏了这么久，即使有老本可据，我也教不了。社会科学必须从自己土里长出来。这门学科在中国还得从头做起，决不是唤之即来的。我怎敢轻易承担这任务呢？"但是，当时国内的社会学人才正处于青黄不接的阶段。怀揣着"报效国家、志在富民"的学术理想，费孝通几经思量，毅然决然地挑起了这个担子，"到了我这样的年纪还要向前看，看到的是下一代，看到的是那个通过新陈代谢而得以绵续常存的社会"。

说干就干。费孝通自接受重建中国社会学的使命以后，就全力以赴地工作。1980 年，费孝通来到南开大学见滕维藻、郑天挺等"西南联大时期的老朋友"，确定在南开大学开设社会学专业，并在全国 77 所重点大学遴选学员组建社会学专业班，一些机构也选派了旁听生。

◎费孝通与南开社会学专业班的同学们

1981 年 2 月 26 日，南开社会学专业班举办开学典礼，虽然早已过了立春，但是天气依然很冷，南开大学主楼 319 教室的讲台上，费孝通裹着棉外套，呵着白气，操着浓浓的吴音，讲着自己的学术经历。就这样，1981 年，南开率先在国内高校设立社会学专业班，次年成立社会学系，成为国内最早一批恢复重建社会学的高校之一。这个社会学专业班的目的很明确，就是为了培养社会急需的社会学人才，解决社会实际问题。

　　对于在国内恢复与重建社会学，费孝通先生有自己的想法。然而，当时的南开正缺乏必要的资金与师资力量。这一度令费老有些"头疼"。不过，车到山前必有路。随后，他通过个人关系，在北京大学潘乃谷的帮助下为南开社会学专业班聘请了雷洁琼、吴泽霖、张之毅等老先生以及彼得·布劳等外籍专家。洋教授的育人方式令学生们受益匪浅。彭华民回忆道："当他（彼得·布劳）在黑板上写出 My theory（我的理论）时，我惊呆了，以前我们都是讲别人说，马克思说、谁谁谁说，从来没人敢说我自己说的。"

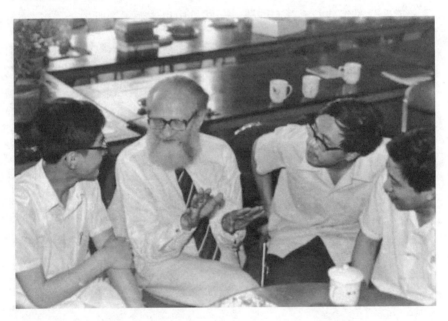

◎美国著名社会学家彼特·布劳在南开大学授课

　　1981 年的南开社会学专业班可以说是社会学恢复重建的起点。"学习社会学终究是为了认识和了解中国社会，达到民富国强、改造社会的目的。不赞成只在书斋里讨生活、为社会学而社会学的做法。"1981 年12 月 13 日，费孝通先生在南开大学社会学专业班的结业典礼上对学生这样强调。他是这样说的，也是这样做的。"脚踏实地，胸怀全局，志在富民，皓首不移。"这是费孝通传奇一生的生动写照。费先生认定，自己一生的目标是"了解中国社会，依靠自己考察的最可靠的资料进行科学研究，去治疗社会的病痛"。于是，他行行重行行，遍访山山水水做调查研究，将学问视为安身立命之根本。"我的一生经历过无数重大的历史变革，但最重要的当属新中国的成立，以及在这个时代背景下将自己的学术研究和解决中国的实际问题联系起来、与祖国的富强和发展紧密相连。"在费老身上，我们看到了中华民族知识分子的优秀理想人格。张伯苓说："欲达教育之目的，务须注意精神修养，向深处培，向厚处培。"费先生高擎社会学的火种，以报国富民的人文精神与"美美与共，天下大同"的崇高理想信念，使"经世致用"的治学之道得以赓续传承，为中国社会学的未来埋下了种子。

如今，1981 年的南开社会学专业班被称为中国社会学界的"黄埔一期"。"社会学最根本的任务是要解决一个生活在社会里的人，怎样学会做人的问题。""我们的社会学要面向中国人民的社会生活，研究如何使我们的国家一步一步地达到高度的物质文明和精神文明的目标。"这是费孝通先生对社会学性质的阐释。润物细无声。在费老的栽培下，南开"八一社会学专业班"共走出了 32 位社会学教授，14 位社会学系主任（或院长），5 位中国社会学会会长、副会长，为中国社会学的发展作出了重要贡献。他们像蒲公英的种子一样，带着中国社会学的希望，飞向祖国的四面八方。

无论走得多远，都要记得来时的初心。"允公允能，日新月异"，这是南开人的初心。

党的十一届三中全会之后，为了适应社会主义现代化建设的需要，南开遵循"主动适应社会发展需要，积极改造调整现有学科，发展新学科专业"的办学思路，探索符合社会需求、与时代同频共振的学科布局。

1983 年，南开大学在恢复传统优势学科基础上，重建经济学院，为社会经济建设培养人才、建言献策。同年，南开率先与加拿大约克大学联合培养研究生，创造"南开-约克模式"，这也是中国 MBA 教育前身。

1985 年，南开数学研究所正式成立。"我将为中国数学、南开数学，鞠躬尽瘁，死而后已。"陈省身先生响亮的声音在会场回荡。也是从这一年起，南开大学连续为国务院特区办公室举办对外开放领导干部培训班，为国家改革开放和现代化建设培养高素质干部队伍。

1987 年，经济学院谷书堂教授在国内率先提出了"按生产要素贡献分配的观点"，为党和国家决策提供了重要理论参考，对推动我国经济体制改革发挥了重要作用。同一年，南开大学与北美精算师协会签订联合培养精算方向研究生的合作协议，开创了中国精算教育的先河。

◎20 世纪 80 年代谷书堂领衔主编的《政治经济学》（北方本）教材

建立法学、旅游学、金融学、保险学、审计学、社会学、应用化学、电子学、计算机应用、生物医学、生物工程等专业，形成教学和科研两个中心；成立亚太经合组织（APEC）研究中心、人权研究中心、京津冀协同发展研究院、滨海开发研究院、当代中国问题研究院、中国公司治理研究院、跨国公司研究中心等，连续多年发布相关报告，成为服务国家战略和区域发展的重要智库。

经过改革调整，南开大学的学科布局更加多元开放，成为首批进入国家"211 工程"和"985 工程"重点建设的综合性研究型大学，并在长期办学过程中形成了文理并重、基础宽厚、突出应用与创新的办学特色。

欲为国家兴教育 肯将衰朽惜残年

　　"所谓大学者，非谓有大楼之谓也，有大师之谓也。"南开学校在国难中创立，因新中国的成立迎来新生，沐浴着改革开放的春风走向兴盛。新中国成立后，特别是改革开放后，南开学者积极投身教学科研工作，名师先贤的精神和品格也影响了一代又一代南开学子。杨石先立志"教育报国"，创立南开大学元素有机化学研究所，为祖国化学事业育人才；吴大任润物无声，"点石成金"，引领南开教育工作向前发展；滕维藻秉承先辈精神，改革创新，使南开列入世界著名大学之林。他们博学多闻，高瞻远瞩，以务实精神发展南开，为中国培养了一代又一代"公能"兼备的人才。是什么支撑着南开人肩负起中国高等教育崛起的重任，在时代与社会的发展中一路走来？

◎1981 年，学校举行杨石先、郑天挺执教业绩庆祝大会

2016 年，已是 108 岁高龄的杨敬年先生告诉了我们这个答案。当被问及思考最多的问题时，他说："我还是在想，中国的未来。"

杨敬年先生的求学之路十分坎坷。如他所言，他走的是一条"路漫漫其修远兮，吾将上下而求索"的道路。1936 年，家境贫寒的杨敬年考入南开大学经济研究所，师从著名经济学家何廉、方显廷。随着七七事变爆发，杨敬年不得不中断学业，但他从未放弃求学。这是"朝闻道，夕死可矣"的精神。1945 年，37 岁的杨敬年不顾恩师何廉的劝阻，毅然决然地奔赴牛津大学攻读"哲学政治学经济学"专业。1948 年，杨敬年心系祖国的教育事业，放弃了去美国工作的机会，应何廉之邀重返母校南开。杨敬年有所作为的时代终于来到了。新中国需要经济学，他决定要做点什么，为了这片他爱得深沉的土地。回到南开后，他一手创办了南开大学财政系，潜心科研，自学俄文，完成了三部学术著作的翻译，以满腔热情投身于社会主义事业。十年动乱期间，杨敬年被迫离开讲台，他生活拮据，妻子脑溢血瘫痪，独子病逝。面对生活中的苦难，杨敬年没有屈服，他坚持工作，说："还是应该竭尽所能，做一些力所能及的事报答人民。"这些年里，他以惊人的毅力翻译了八本著作，没有署名。"以义制命。就是不管自己处于什么境地，认为该做的事情，我就还是做。"

当杨敬年重新成为"一个堂堂正正的大学教授，能名正言顺地从事教学科研工作"时，已经 71 岁了。支撑杨敬年走过逆境的，支撑他以不屈不挠的精神面对苦难的，是古人说过的一句话："能受天磨真铁汉。"获得平反后，杨敬年决心要再工作 20 年。他怀着"欲为国家兴教育，肯将衰朽惜残年"的心愿重登讲台，他说："我要为祖国的教育事业再工作 20 年，补偿逝去的岁月。"

杨敬年的生命在晚年升华。"我觉得人活着就是要求生存、求发展。为了生存发展，一要求知，二要创造。"对于一心向学的杨敬年先生而言，虽然已到耄耋之年，但他的人生仿佛才刚刚开始，仍兢兢业业地从事教学科研，将发展经济学引入中国，编写教材，撰写专著；他为学生和青年教师讲授了 16 年专业英语课，一直到 86 岁退休；他笔耕不辍，88 岁时，撰写了20多万字的专著《人性谈》；90岁时，翻译完成74万字的经济学世界名著《国富论》，100多岁还通过电话给学生上课……他以80岁的高龄加入了中国共产党，他教导学生："只要开始，就永远不晚。"

◎杨敬年先生90岁高龄时翻译完成《国富论》

　　杨敬年曾回顾道："我于1984年6月29日申请入党，1987年6月6日获得批准为中共预备党员时年79岁，一年后如期转正，我感到这是我一生最大的幸福。我40岁时得到牛津大学博士学位，80岁时成为共产党员，都花费了40年的时间，才实现自己的夙愿。但牛津博士只是求学的顶峰，共产党员才是做人的顶峰，二者不可相提并论。"

　　2016年，享年108岁的杨敬年先生仙逝。"滴水不已，阶石为穿。"这是杨敬年先生的信念，他同命运勇敢地抗争，用自己的行动向人们诠释着"允公允能"的南开精神。先生之风，山高水长。

　　著名化学家申泮文先生同样也是"南开精神"的象征，他是以教育为乐的。执教七十余载，申泮文先生在中国化学教育事业的发展史上达到了旁人难以企及的高度。他是我国第一位没有出国留学、没有博士学位的中科院院士，是在中国社会的学术背景下培养出来的教授；他在化学领域卓有建树，"用活了化学的三驾马车"，却把教书这项事业看得比科研重要许多，"如果可以选择，我宁愿当一辈子教书匠"。申泮文说，自己这一生就做了两件事，化学和爱国。

1935 年，申泮文在天津南开中学毕业。为了报效祖国，他考入了南开大学化工系。随后，南开遭逢日寇轰炸，学校南迁，申泮文深感"天下兴亡，匹夫有责"，毅然投笔从戎，奔赴战场。在前线，他目睹了生灵涂炭、国土沦陷的种种惨象，心下一片黯然，后来辗转去长沙找当时任临时大学化学系主任的杨石先老师，得以复学。1938 年，申泮文跟随"湘黔滇旅行团"步行入滇。他的使命感在步行赴西南联大的旅途中被唤醒，祖国的秀丽山川和人民所遭受的深重苦难使申泮文受到了强烈震撼，深感强国必先强教育。1947 年，申泮文开始了在南开大学长达半个多世纪的教学生涯。他筹建化学系无机化学教研室，任主任；组建了科研集体，开始从事无机合成科研工作。"文革"期间，申泮文多次被批斗，但他日以继夜地努力工作，彰显了中国这一代知识分子特有的奉献精神和对事业执着的追求。愈是上年纪，申泮文先生愈有活力。1978 年，他出任南开大学元素有机化学研究所副所长，在研究领域不断开拓创新。快 80 岁的时候，他跟年轻人一起学编程，发起组建了南开化学软件学会，接着又在全国最早组建了分子科学计算中心，举办了全国大学化学师资培训班……这不仅为南开培养了一批卓越的化学人才，还为中国化学事业的发展作出了重大贡献。

申泮文先生曾给自己的职业做了排序。他认为自己首先是教育家，其次是翻译家，最后才是科学家。"让中国的高等化学教育走在世界前列"是申泮文一直以来的梦想。无论科研任务多重，申先生都始终坚守七尺讲台。就这样，他在讲台上一站就是 70 年。申先生十分推崇南开"允公允能，日新月异"的校训，积极致力于南开爱国主义精神的宣传教育。关于这八个字，申先生一下子就能讲半天，对南开以及中国教育发展前路的思考早已融入他的骨髓。他不仅坚持为化学系的本科生上课，还常常应邀为各系同学讲述南开校史，将百年南开的故事娓娓道来。他像个年轻人一样，骑着自行车飞速穿行校园；又像一位老绅士，为课堂留下了前三排座位留给女生的传统。他在校园展示照片以纪念抗日战争的胜利，提醒学生勿忘历史；在人生的最后几年，呼吁高校教学改革。他是良师，更是诤友。

◎申泮文坚持为本科生上课

申泮文认为，南开和西南联大在教育史上最根本的意义，就在于为中国树立了真正的大学精神。一个大学，不仅要传授知识，还要培养精神，养成一股浩然之气，照耀中国的前路。自建校之初，一代代南开学者秉承着"允公允能，日新月异"的教育理念，培养学生爱国爱群之公德与服务社会之能力，为学生做出良好表率。

忆往昔，南开名师荟萃，他们传道授业解惑，以振兴中国高等教育为己任。郑天挺先生治学严谨，情操高尚，为南开历史系费尽心血，不仅担负着艰巨繁重的行政工作，还积极投身教学科研工作，为社会育人才。雷海宗先生学贯中西，献身南开，在治学之余同病魔顽强抗争，为中国史学留下丰厚遗产。李何林先生心系中文系，始终忠于自己的使命和职责，以百折不挠的精神与钢铁般的意志成为20世纪的文学评论大家。李霁野先生致力于教学科研工作，培养青年教师，设置俄语专业教研室，为祖国建设事业培养了大批外语人才。陈荣悌、高振衡、严志达、温公颐、吴廷璆……一位位南开先生心系祖国，担当起中国高等教育崛起的重任，为南开学子照亮前路。

南开学风 堪称一流

南开大学作为一所百年名校，文脉绵延，学风蔚然，学风建设和教育改革也一直为南开人所重视。1995 年，《人民日报》刊发了记者李新彦、杨明方撰写的报道《南开学风 堪称一流》，对南开以脚踏实地见长的踏实学风给予了高度肯定。

◎1995 年 4 月 3 日《人民日报》报照

《人民日报》是如何得出南开"学风一流"的结论的呢？

时间回到母国光校长任职时期。"南开的学风一直不错，这是最让我高兴的。"母国光校长曾在一次采访中这样回忆往事："山西的一位学生家长曾经两次利用出差的间隙来看望在南开大学上学的女儿，一次是中午，一次是星期日，都是在教室里才找到的，事后他专门给我写过一封信——'南开学风这么好，我们家长放心了'。"而这件事被《人民日报》的记者得知后，专程来校采访，在全方位了解南开的学风建设工作和现状后，写下了《南开学风 堪称一流》的报道，在国人乃至海外的华人中引起了巨大反响。

南开优良学风的形成与高水平、负责任的教师密不可分。"南开的学生非常优秀，竞争力也强，很受用人单位的欢迎，这与他们在南开打下的理论与实验并重的扎实学习基础是分不开的。"母国光校长曾这样说。他在患病期间，无法常到办公室去，但仍然严格按照学校的要求，认真审阅毕业论文，约请同学们到他家中，对他们的论文进行指导、修改，每篇论文及实验报告都要在他的指导下修改至少三四稿。

在第四届国家级教学名师奖获得者陈洪教授眼中，大学是"精神花园""知识殿堂"。"南开的学风有着自己的传统与特色，较为朴实厚重。另外，南开包容性较强。"所谓的包容性包括："好老师与好老师是不一样的。"他认为，大学教师没有统一的模式，也不应是"一个模子"，课堂教学应该允许多种方式、多种风格的存在，但一个最基本的要求是"对于教学的态度和支撑其教学的学术能力"。

陈洪教授说："比如，罗宗强先生，他为人偏于内向、不善言辞，说起话带有浓重的潮汕口音，可他给本科生讲课的效果特别好，因为学生能听出他内在的思想逻辑美。我所见过的老师里，有讲课特别快的、讲课特别慢的，有口才好的、口才没那么好的，学问到家，态度认真，都是'好老师'。"

"一堂课，一个小时备课也是讲，三个小时备课也是讲，这些没人知道；这堂课上完了，老师发现学生情绪上有点儿问题，把学生留下来谈谈，这些也没人知道……"陈洪教授这样感慨，教育教学没有最好、只有更好，也总能做得更好，"是一件无穷尽的事情"。他表示，希望一代又一代的南开师生，真诚以待、齐心协力，发扬传统、革故鼎新，不断开辟南开教育教学新的未来，桃李满园，一路芬芳。

第一届国家级教学名师奖获得者顾沛、朱光磊，第二届获得者程鹏，第三届的佟家栋……一代代像母国光校长和陈洪教授一样的教师，以身作则，为学生作出良好的学术榜样。他们兢兢业业，在教学上认真负责；诲人不倦，不仅教书，而且育人。正是这样一批高水平、负责任的教师团队，奠定了南开一流学风的基础。

除了与教师团队密切相关，在南开大学一流学风的形成和保持过程中，南开大学的学风建设和教学改革也功不可没。

虽然南开的学风一向以勤奋踏实而著称，但不可否认的是，在20世纪80年代中后期，受社会上"读书无用""60分万岁"等不良风气的影响，南开的学风也一度出现了不尽如人意的现象。

当时《南开周报》一篇题为《懒散的早晨》的报道，记录了这样的场景："学生宿舍里六点半到七点，8%以上的学生尚在梦乡"；"七点四十五左右是买早饭的学生人数最多的时间，食堂里拥挤不堪"；"七点四十至五十主楼的许多教室只有寥寥数人，有的甚至空空如也……"报道最后大声疾呼："九十年代的南开人，难道这些数字还不能说明我们的精神面貌？还不足使我们从清晨的迷梦中惊醒？！如此懒散下去，'允公允能，日新月异'的南开校训将置之何处？"

1990年，学校召开整顿学风工作会议，要求针对这种情况整顿学风。校党委书记温希凡强调：对青年学生应该贯彻既热情爱护又严格要求的精神。学风不正很大程度上在于教风不严，教风不严则很大程度上取决于学校督促检查不到。各级领导和教师对此要有明确的认识，既要言教，又要身教。学校认真整顿学风、教风、校风，分别对学生、教师和各级组织提出了明确具体的要求：学生要杜绝打麻将、偷东西、打架等恶劣行为，学生宿舍应开展讲卫生、讲公德、讲文明活动，遵守作息时间，按时熄灯休息；教师要为人师表，端正教学态度，保证不迟到早退，不随意缺课调课和提前下课；各级组织要抓好教学检查工作，实行领导听课制、教研室主任责任制；对学生课外活动进行指导。经过本次学风整顿活动，不正之风及时被刹住。

学风建设和教育改革相辅相成，此后，南开一直行走在学风建设和教学改革的道路上。1999 年 5 月，南开大学以优秀成绩通过了教育部组织专家进行的首轮本科教学工作评估。之后，学校进一步把"质量和创新"确定为本科教学的主线，提出了"注重素质、培养能力、强化基础、拓宽专业、严格管理、提高质量"的基本方针，不断强化本科教学中的科学意识、创新意识、精品意识、服务意识和国际意识。

在 2002 年、2005 年的教学工作会议上，学校分别出台了《贯彻落实〈教育部关于加强高等学校本科教学工作提高教学质量的若干意见〉的实施意见》《关于进一步加强教育创新提高教学质量的若干意见》和《关于突出创新深化本科教学改革提高教学质量的若干措施》，从制度上有力地保障了本科教学的中心地位。2007 年，南开大学再次以优秀成绩通过了教育部本科教学工作水平评估。

◎1999 年，南开大学通过教育部本科教学工作优秀评价

到南开大学建校 90 周年时，南开的本科教育已由改革开放初期的 20 个专业发展为 73 个专业，并拥有 8 个国家基础科学研究和专业人才培养基地、1 个文化素质教育基地。在研究生教育方面，自 1984 年国家教委批准南开大学为全国首批 22 所单位之一试办研究生院以来，无论是教育水平还是教育规模、办学模式，南开大学都取得了前所未有的迅猛发展，步入了一条正规化、专业化的发展道路。

2018 年，校长龚克也在"'二十年前，我和你一样'学风师德座谈会"上谈到学风建设问题："《人民日报》曾以'南开学风 堪称一流'为题进行报道，我也想谈谈我对'南开学风'的认识。"龚克说，踏实、谦虚、稳重一直以来是南开的"标签"，在今天强调"创新"的同时，也不能丢掉好的传统。他提出学风建设过程中需要注意两个方面：一是制定的评价体系、激励制度等在激发教师主观能动性的同时，在一定程度上也会滋长浮躁之气；二是"敢为人先"的事情在南开比较少，南开人需要"突破"，做科研不能拘泥于已有知识、拘泥于团队或拘泥于导师。"我们应该通过'学会'的知识达到'会学'的目的，没有学过的知识就去努力学习，没做过的事情要勇于尝试，南开人要有些锐气，不断探索新方法、解决新问题。"在学风建设中，学术道德至关重要。"千教万教教人求真，千学万学学做真人！"龚克也强调过学术道德的重要性。他认为，"真实"是科学的基本属性，是对科学工作者的基本要求，是学术规范的核心，在杜绝篡改、伪造、剽窃数据文献的同时，教师自己应当做到并教导学生们做到的是，尊重自己的合作者，与合作者友好协商。"我们应以有利于双方长期合作为目标，而不应把目光局限于某一次合作的结果。"龚克说。

时至今日，南开的学风建设仍在持续推进。2021 年，为更好支持学生实践创新，学校大力推动工作室建设，依托"智慧教室"、各院重点实验室、党团活动室等教学科研和活动平台，结合社会实践课题立项、创新创业项目支持，完善开放共享管理机制，力促跨学科交流学习，塑造新型师生关系，涵育堪称一流的南开学风。

经过一代代教师的以身作则和教风学风建设，学校的学风建设和教育改革成果斐然。南开师生"同学同研"工作室入选 2021 年中国科协学风传承示范基地。新增 21 个国家级一流本科专业建设点，1 个省级一流本科专业建设点，ESI（基本科学指标数据库）全球前 1% 学科增至 15 个，哲学、中国语言文学入选基础学科拔尖学生培养计划 2.0 基地。与华为合作建设"智能基座"产教融合协同育人基地，与天津大学、天津医科大学开展跨校选课合作。两部教材入选首届全国教材奖奖励名单，5 部教材获全国教材建设奖，两教师获评先进个人。在南开校风学风的熏陶下，南开的毕业生以基础知识扎实、动手能力强、综合素质高等优势赢得了社会的普遍好评。

◎新时代的南开学子风华正茂、笃定前行

世人称赞"南开学风 堪称一流"，那么何为一流学风呢？数学大师陈省身曾回忆，求学南开时深感学校"以脚踏实地见长"，老师学生"是极为认真的"。曹雪涛校长也曾经谈过这个问题，"我想，就是几代南开'大先生'所涵养的爱国之风、勤谨之风、务实之风、沉潜之风"。"李正名院士急国家农业发展之需，为创制我国自主知识产权的农药产品攻坚克难、奋斗终身，成果填补了国内技术空白。叶嘉莹先生笃守古典诗词七十余载，虽经历家国悲怆、人生痛楚，但仍致力传承发扬中华传统文化，视之为终其一生的'执念'。周其林院士锚定'手性螺环催化剂'领域，带领团队深耕数十年，最终斩获国家自然科学最高奖，破解了困扰国家乃至世界半个多世纪的科技难题。"学生能守渠田，保持沉潜往复的定力；教师恪尽职守，做好教书育人的本职；学校改革制度，不断推进学风建设。如此，世事纷杂，日新月异，而南开的一流学风不变。

做实、讲得生动、有吸引力

　　思政课是落实立德树人根本任务的关键课程，办好思政课，是习近平总书记非常关心的一件事。

　　2019 年 1 月 17 日，习近平总书记视察南开大学时专门强调了思政课建设，总书记询问身旁的教师："思想政治课怎么上？学生们感兴趣吗？""思政课很重要，要做实、讲得生动、有吸引力。"总书记还指出，高校党组织要把抓好学校党建工作和思想政治工作作为办学治校的基本功。

◎2019 年，天津市高校习近平新时代中国特色社会主义思想研究联盟在南开成立

　　党的十八大以来，学校党委认真贯彻习近平新时代中国特色社会主

义思想，大力推进马克思主义理论学科和马克思主义学院建设。2016 年，南开大学马克思主义学院成为全国首批重点马院之一。学校有近 50 位教师参与"马工程"重点教材编写，是国内参与专家人数最多的高校之一。党的十九大召开后，在天津市委的领导和市委教育工委、市教委的安排下，南开大学会同天津多所高校，组织骨干思政课教师，在全国率先编写《习近平新时代中国特色社会主义思想"三进"教案（试行）》。

◎南开教师牵头编写的《习近平新时代中国特色社会主义思想"三进"教案（试行）》

2018 年 3 月，天津市高校习近平新时代中国特色社会主义思想研究联盟成立，南开大学为理事长牵头单位。2019 年 9 月，由南开大学、中国社会科学院大学共建的"21 世纪马克思主义研究院"正式揭牌成立。研究院通过开展 21 世纪马克思主义研究工作，推动马克思主义研究领域人才培养，构建当代中国马克思主义学科体系、学术体系和话语体系，打造科学有效开放的马克思主义理论专家型教师队伍，提升当代马克思主义研究的社会服务能力，推动当代马克思主义领域的交流合作，打造21 世纪中国马克思主义阐释传播平台。

2020 年 9 月，"高校思想政治理论课马克思主义基本原理概论国家教材建设重点研究基地"在南开大学揭牌。这是全国首批国家教材建设重点研究基地单位之一。教材基地以习近平新时代中国特色社会主义思想为指导，依托于南开大学马克思主义学院，立足于国家重大需求，服务于国家教育发展和教材建设重大战略。基地汇集国内优秀专业人才，建立灵活、开放、高效的运行机制。坚持基础理论研究与实践应用研究相结合，定性研究和定量研究相结合；以中国教材建设研究为主，兼顾国际比较研究；以现实问题研究为主，兼顾历史研究与前瞻研究。推动提高《马克思主义基本原理概论》教材建设科学化水平，为解决教材编、审、用、修、培训等环节中的具体问题，以及教材建设、管理和政策制定，提供理论支持、智力支撑，为国家教材建设提供决策咨询服务，发挥筑牢思想防线的重要作用。

2021 年 3 月，由教育部主管、南开大学主办的思政课教学研究学术期刊《马克思主义理论教学与研究》经过精心筹备，创刊号正式在全国发行。期刊以落实立德树人为根本任务，结合国内外重大事实，深入研究马克思主义基本原理、马克思主义中国化等重大课题，探索思想政治理论课课程体系、课程内容和教学规律，为增强思想政治理论课的思想性、理论性和亲和力、针对性提供研究阵地，为广大思想政治理论课教师搭建科学研究、教学改革创新的交流平台。

在中国共产党成立 100 周年前夕，由中共天津市委宣传部牵头推动、南开大学组织编写的"百年风华——中国共产党理论与实践研究丛书"正式出版发行。13 位来自马克思主义哲学、马克思主义中国化、中共党史、党的建设、中国近现代史、中华人民共和国史、政治学理论等相关学科的南开专家牵头承担 12 项专题研究并形成专著，以坚定的"四个自信"和透彻的学理分析，讲述中国共产党波澜壮阔的百年奋斗历程。南开大学充分发挥学科综合优势与理论专家优势，加速推进马克思主义理论研究与课堂教学和人才培养融会贯通。

南开大学是全国较早开设"习近平新时代中国特色社会主义思想概

论"课程的高校之一。2020 年春季学期，在前期开设两轮选修课的基础上，南开大学率先面向全校大三学生开设"习近平新时代中国特色社会主义思想概论"必修课，校党委常委会专门研究课程开设方案，参与教研室设置、教学大纲制定和专题内容的设计。课程实现了全校 3800 余名 2017 级本科生的全覆盖。

设计南开特色教学大纲、汇聚各学科专家集体备课、精心打磨教学方案、在实践中深化认知……马克思主义学院组织全校各相关学院的专家学者，结合不同专业知识背景分专题授课。在授课过程中，任课教师注重将习近平新时代中国特色社会主义思想同社会发展和学生实际紧密结合，充分展现新思想的创新性、继承性和历史性，注重学生已有知识同创新思想的有机衔接，注重历史素材和新时代素材的融会贯通，同时把重大现实问题及与此相关的习近平总书记最新重要讲话精神有机融入，努力做到让课程及时、有用、有趣、有效。

与此同时，南开还不断探索实践，逐步形成了"师生四同"的思政课育人新模式，所谓"师生四同"，就是师生"同学同研同讲同行"。"同学同研"——邀请各学科师生分享学习研究心得体会，"同讲同行"——让思想政治理论吸收融入指导现实。这一模式充分激发了内生动力，发挥了教师主导和学生主体的协同作用，让"教""研"结合，"知""行"统一，"学""思"贯通，"践""悟"有效。

在南开，"师生四同"不仅限于课堂上、校园里，也扩展到了社会实践中。每年假期，由全校思政课教师、专业课教师、学生辅导员和管理干部共同参与，数百个社会实践队伍、数千名师生，在全国 31 个省（市、自治区）开展形式多样的社会实践活动，形成了师生共受思政教育的生动局面。

在第十七届"挑战杯"全国大学生课外学术科技作品红色专项活动中，马克思主义学院选派的作品《脱贫攻坚党旗飘 崭新长征再出发》获得一等奖，这个项目就是"师生四同"社会实践的成果。项目团队聚焦江西省于都县梓山镇，选取基层党组织在脱贫攻坚中的作用这一主题，形成具有地区特色与推广意义的研究成果。

团队成员通过整理大量宝贵一手资料，提出基层党组织是"精准扶贫的掌舵者""群众利益的关切者""脱贫攻坚的践行者"的角色定位，进一步总结梓山镇独具特色的脱贫攻坚措施体系，为其他地区提供借鉴，并针对梓山镇党组织在脱贫攻坚中存在的困难与不足提出有针对性的对策建议。团队成员说，实地考察和调研，让大家对国家社会的发展变化有了更加切实的认识和感受，大家既拓展开阔了视野，也学习掌握了研究方法，让鲜活的脱贫成就上升为理论思考。

2021年8月，瑞金中央革命根据地纪念馆召开了一场特别的座谈会，作为"十载苏区情，百年辉煌路"南开大学"师生同行"社会实践队活动的最后一站，南开师生来到瑞金华屋，追寻信念，砥砺初心。十年来，从"踏着先烈血迹前进"的瑞金红军烈士纪念塔，到"红军的摇篮，将军的故乡"——大别山；从永新三湾、桂东"第一军规广场"到古田会议旧址……南开师生感悟苏区精神、长征精神，将青莲紫与苏区红紧密联系在一起。

◎青莲紫爱上苏区红　南开学子重走长征路

　　通江王坪红军烈士陵园中，漫山遍野矗立着成片的碑身只有一枚殷红五角星的无字墓碑，是生动的、令人震撼的一课；跟随基层干部一道入户调研，验收扶贫成果，老乡们淳朴的话语，是真实的、深受触动的一课；师生从四川通江走到江西兴国，从感受脱贫攻坚到目睹苏区振兴，同学们对精准扶贫、对决战决胜脱贫攻坚、对"小康路上不能有一人掉队"有了更深刻的认识，对中国共产党的初心使命有了更深刻的认识，对习近平新时代中国特色社会主义思想有了更深刻的认识。此外，赴中央苏区社会实践的南开学子还发起成立了"红色记忆宣讲团"，近年来已在校内外宣讲130余场，覆盖2000余人次。这支苏区实践中走出的、以弘扬红色文化为主旨的学生社团，见证了苏区大地在新时代的快速发展，新时代苏区干部在"创造新世界"时充分展现的信仰之力，也深深教育了一批批南开学子。

　　"师生四同"学党史，红色精神抵心灵。在党史学习教育中，南开发挥课堂教学、科研支撑、宣讲团队、社会实践的合力，精心设置专题、准确应用案例，开通校史文化通识课，挖掘校史中的红色教育元素，用脚步丈量祖国大地，寻访红色记忆，形成"行走的党史课"，积极引领学生知史爱党、知史爱国，在思想认识上同频共振，情感认识上同心共鸣。一批具有强烈爱国主义情怀、共产主义理想信念，富有创新创造精神、永久奋斗精神和全心全意为人民服务精神的南开青年正在成长。

　　南开人同心同向、红专并进，始终牢记习近平总书记的殷殷嘱托，努力把思政课做实、讲得生动、有吸引力。学校以与时俱进的思政体系建设，制定实施《关于全面提升思想政治工作质量构建"三全育人"体系的实施方案》，高质量配齐思政课教师，创新"师生四同"实践育人模式，力促教师思政与学生思政贯通衔接，思政课程与课程思政有机融合，推动形成在党建引领下，将南开特色办学优势转化为立德树人的有效做法这一新工作格局，以实际行动回答好"培养什么人、怎样培养人、为谁培养人"这一根本问题。

为中华古典文化传灯

2020 年，叶嘉莹先生在感动中国颁奖典礼上吟诵了一首诗："构厦多材岂待论，谁知散木有乡根。书生报国成何计，难忘诗骚李杜魂。"在诗中，叶先生表达了自己文学报国的一番热忱。五十年来，她如同忠于职守的瞭望员，守护着中华古典文化这座古老的灯塔，使其在世界文化的大洋中熠熠闪光。

◎叶嘉莹

1924 年，叶嘉莹出生在北平的一个书香世家，童年时期一直在家中接受父母的教育。而父母带给她最为宝贵的启蒙，便是教会她诵读经典，由此开始，叶嘉莹便与诗歌结下了深厚的因缘。幼时开蒙，为她今后形成弘扬中华传统诗词的伟大志向种下了一颗充满希望的种子。

◎叶嘉莹先生荣获 2020 年"感动中国"年度人物

　　少女时代的叶嘉莹生活在北平沦陷区，听过七七事变的隆隆炮声，也亲身体验过战乱的艰难。因工作原因与家人分离的叶父在向南撤退之后，母亲也因此忧心成疾，病逝于天津回北京的火车上。面对突如其来的沉重打击，少女时期的她写下了八首哭母诗，以托哀思。叶先生后来回忆道："当你把你的悲哀痛苦用诗写下来，便可以消解你的悲痛，保存你的纪念。"可见，在叶先生心中，诗词除了作为文化的承继所存，更是一种来自心灵与情感的细腻触觉。

　　婚后，叶嘉莹跟随丈夫到了台湾，却遭遇了"白色恐怖"，丈夫被关押，她自己也一度入狱。为了养家，叶嘉莹开始在台湾的中学教书，后又经介绍入台湾大学任教。她的学生中，有许多后来的知名大家。著名作家白先勇先生曾回忆说："我们是念外文系的，知道叶先生的课是非常受欢迎的，我宁愿逃课也要到叶先生这里听。所以她的诗选，我足足听了一年。她对于我的启蒙，我想很要紧。"在这样艰难的日子中，诗词给了她面对人生坎坷的精神力量。叶先生说："我经过这么多困苦游离，伴随我的就是我们的诗集。我从诗词中看到光明，得到力量。"

　　1966 年，叶先生到美国密歇根大学做交换教授，并入哈佛合作教学，因此带领家人离开了台湾，也远离了那段不堪回首的艰苦岁月。后来，她在加拿大哥伦比亚大学任终身教授，也借此机会把中国传统文化传播到了海外。

　　1976 年，命运这只无情的手再一次将不幸降临在这位弱小却又坚韧的女性身上。叶嘉莹的长女和女婿因遭遇车祸罹难。面对一次又一次沉重的打击，她将难以自持的悲伤化作一首首凄美而哀伤的诗句。在写下了多首《哭女诗》之后，叶先生将哀痛埋葬于心，并以此为转折，在生活的苦难中找寻到了超越与升华的道路，那就是把自己的生命都奉献给瀚如烟海的中华诗词之中。叶先生曾说："王国维的《人间词话》里有一句话，'天以百凶成就一词人'，有的时候你要讲诗词，真是要亲身经过忧患，你才会对诗词有很深的理解。"

　　1978 年暮春，叶嘉莹在报纸上看到内地的学校需要老师，便即刻给国家教委写了一封申请信，她希望不要任何报酬回国教书。从 1979 年开始，叶嘉莹每年假期都会从加拿大回到国内，辗转各地数十所大学讲学，来回机票都是自掏腰包。如此奔波三十多年，直到 2014 年叶嘉莹选择定居南开。

◎1979 年初，叶嘉莹抵达天津在车站与南开大学教师合影

叶嘉莹是这样回忆自己在南开教学的日子的："南开大学的主楼有个阶梯教室。我在那儿教书，大家都闻风而来，几百人的教室，不但座位上、阶梯上坐满了人，窗台上、窗外边也都是人。我去上课，教室的门都走不进去。南开中文系为了保障自己的学生能听课，就刻了章做了听课证，规定有证的人才能进来。结果外面想进来的人就自己刻印做证，照样把教室挤得水泄不通。"

"我写黑板的风格和顾先生一样，也是从左手写到右手，然后擦了从右手又回到左手。有人问我上课怎么戴个白手套，因为当时粉笔质量不是很好，我的大拇指被粉笔灰烧破了，缠了很多橡皮膏。数学家陈省身先生夫妇很喜欢诗词，回大陆来访问时也跑进来听讲。陈夫人问我手上缠那么多胶布做什么，我说因为粉笔灰烧烂了手。陈夫人很热心，她给我带了一个洗衣服用的塑料软手套。后来这个手套很快磨破了，别人就建议我在塑料手套上再戴一个薄手套。所以有的学生记得我当时上课总是从这头写到那头，可不知道我手上当初为什么要缠很多胶布，更不知道我为什么要戴手套上课。"

面对讲台下学生们一双双热切求知的眼睛，叶先生更是比他们还要充满激情。尽管后来年龄渐大，她依旧坚持站着上课。叶先生说："我之所以九十多岁了还在讲授诗词，就因为我觉得我既然认识了我们中国传统文化里边有这么多美好的、有价值的东西，我就应该让下一代人也能领会和接受它们。如果我不能传给下一代，在下对不起年轻人，在上对不起我的师长和那些伟大的诗人。我虽然平生经历了离乱和苦难，但个人的遭遇是微不足道的，而古代伟大的诗人，他们表现在作品中的人格品行和理想志意，是黑暗尘世中的一点光明。我希望能把这一点光明代代不绝地传下去。"

为了让孩子们从小受到诗词的熏陶，涵养心性，叶嘉莹不顾自己年事已高，每天工作至深夜两点，精挑细选出 200 余首适合儿童阅读的古诗词，推出了《给孩子的古诗词》一书。而她呕心沥血写成的 19 部有关诗词的著作，成为传承中华传统文化精华的经典之作。叶先生曾经深情地说道："人的精神品格能够提升，提升以后，他就有他自己内心的一份快乐。他不会每天总是为追求现实的金钱或者其他东西而丢掉了人生的最宝贵的价值。"

叶嘉莹对学问要求严谨，但对生活的要求却很低。谁也不会想到，这个蜚声海内外的大师生活简单到了极致。她住在南开大学八里台校区西南村一幢普普通通的居民楼中，多年来始终独立生活，只有在晚上请一个保姆做顿饭，打扫清洁。第二天中午，叶嘉莹就吃剩菜剩饭。

对自己生活要求如此严苛的她，对传递文化的永恒事业却毫不吝惜。近几年，为了设立迦陵基金，叶嘉莹将自己的积蓄和变卖房产的收入，累积 3568 万元全部捐赠，支持南开大学古典文化研究。她说，她要把自己体会到的古典诗词里面美好高洁的世界告诉年轻人。她希望能把这扇门打开，把不懂诗的人接到里面来："以无生的觉悟做有生的事业，以悲观的心情过乐观的生活。个人不管以空间时间来说，是狭小而且短暂的，但是文化是永恒的。我愿意为我们中国文化的长流贡献一点力量。"

谈到未来的计划，叶嘉莹说，她现在最想做的，就是把中国古代的诗词文曲，文学创作的吟诵的声音传下去。因为古代传统的诗词歌曲，对于平仄的声调和语气都是非常重视的。她希望在人生未来的时光里能够完成这个伟大的事业，把我们民族美好的文化一代代地传承下去！

◎93 岁的叶嘉莹先生为师生讲述古典诗词之美

叶嘉莹曾经满怀深情地诉说自己与诗词的美丽因缘："我一生与古典诗词结下不解之缘。诗，真的是'有诸中而后形于外'，'情动于中而形于言'。我国古代那些伟大的诗人，他们的理想、志意、持守、道德时常感动着我。尤其当一个人处在充满战争、邪恶、自私、污秽的世道之中时，你能从陶渊明、李杜、苏辛的诗词中看到他们有那样光明俊伟的人格与修养，你就不会丧失你的理想和希望。"正是因为诗词带给叶嘉莹那无边无际的精神力量与丰富深沉的心灵蕴藉，她才能始终为此魂牵梦萦，无怨无悔地奉献自己，把自己的一生都贡献给这项美丽的、诗情画意的事业！

　　"莲实有心应不死，人生易老梦偏痴。千春犹待发华滋。"人生寒暑很容易就过去，但叶嘉莹却始终有一个"千春犹待发华滋"的"痴梦"——在千年以后，自己在年轻人心中结下的莲子还能开出美丽的莲花。她希望，后代还能够从中国古典诗歌的美中得到灵感，受到诗词中人生哲理的启迪，并因着对诗词的喜爱而开启创作的意愿，使得诗歌的教化和传承绵延不已，代代相继，薪火相传……

　　"桃李天下，传承一家。你发掘诗歌的秘密。人们感发于你的传奇。转蓬万里，情牵华夏，续易安灯火，得唐宋薪传，继静安绝学，贯中西文脉。你是诗词的女儿，你是风雅的先生。"2020 年，叶嘉莹被评选为感动中国十大人物，同年，以叶嘉莹一生遭际为内容的纪录片《掬水月在手》上映。作为南开史上又一位著名的学者、教育家，她的故事也将继续在南开讲述下去……

瞄准国家重大战略需求

中国特色社会主义进入新时代，南开按照"四个服务"要求，用教学科研成果报国强国。

南开大学牵头组建的中国特色社会主义经济建设协同创新中心，是全国唯一一个以经济建设为主攻方向的国家级协同创新中心。"中心"以我国改革开放现代化建设进程中提出的重大理论和实践问题为主攻方向，以体制机制改革为重点，加强对中国特色社会主义经济改革、开放、运行、发展理论和中国道路、中国制度的综合研究，为国家提供战略性、全局性、前瞻性的理论和政策支持。

◎南开学者专著《中国特色社会主义政治经济学通论》

2017年党的十九大前夕，以习近平新时代中国特色社会主义经济思想为指导，南开大学讲席教授、中国特色社会主义经济建设协同创新中心主任逄锦聚领衔政治经济学团队编写撰写完成了 70 万字、适合研究生层次教学使用和经济理论工作者参阅的《中国特色社会主义政治经济学通论》（以下简称《通论》）。2019 年 1 月 17 日，习近平总书记视察南开大学时，翻阅了该著作。在《中国特色社会主义政治经济学通论》的基础上，该书作者团队继续深入研究，又经过两年多的努力，撰写完成了 50 余万字、适合大学生教学使用和广大群众学习参阅的《中国特色社会主义政治经济学概论》（以下简称《概论》）。两部书坚持以习近平新时代中国特色社会主义经济思想为指导，力求做到科学性、人民性、实践性、开放性、发展性相结合，吸收理论和实践发展最新成果，力争使中国特色社会主义政治经济学站到时代最前沿。

2021 年，在《通论》和《概论》的基础上，中心团队成员编写的《中国特色社会主义政治经济学》出版发行。该教材进一步吸收近年来理论界在中国特色社会主义经济理论研究和中国特色社会主义政治经济学教材建设中取得的成果，立足中国实践，坚持问题导向，反映时代进步；充分吸收了马克思主义政治经济学基本原理和中国化马克思主义政治经济学理论成果、中华民族五千年文明中的经济思想以及国内外学术界已经取得的经济学理论成果三种资源；阐释了一些新的范畴、创新理论以及一些系统学说，并尝试构建新的体系结构；突出教科书特点，每个篇章都配备了教学目的要求和教学要点，将《通论》和《概论》中取得的研究成果转化为人才培养的内容。至此，南开团队已经在全国高校中率先初步建设完成含有本硕博阶段全梯次的中国特色社会主义政治经济学教材体系和相对完善的课程体系。

问世于中国特色社会主义进入新时代之际的《中国人权事业发展报告》（人权蓝皮书），也与南开人学术贡献密切相关。报告由中国人权研究会组织编写，工作室设在南开大学人权研究中心，该报告从学术角度，深入解读我国人权事业发展中的年度亮点和成绩，提出促进各项人权保障的政策建议，并对中国人权事业发展的前景作出展望。2021 年，南开大学人权研究中心承办"中国第四期国家人权行动计划：回应与举措"云上边会。中外专家学者齐聚"云端"，围绕行动计划进行深入研讨，高度赞扬了中国在人权保障领域取得的进步，尤其是脱贫攻坚方面，为全球减贫事业贡献了中国智慧、中国方案。此外，南开大学人权中心在学术研究、咨询服务、人权教育和对外宣传等方面也做了大量工作，出版了系列丛书《中国人权在行动》，全程参与了《国家人权行动计划》起草工作，推动了我国人权事业发展。

在南开，像中国特色社会主义经济建设协同创新中心和人权研究中心这样的高端智库还有很多：周恩来研究中心连续承办五届周恩来研究国际学术研讨会，成为弘扬周恩来精神、咨政育人的重要阵地；中国 APEC（亚太经合组织）研究院连续多年为中国参加 APEC 会议提供咨询报告；南开大学公司治理研究中心连续多年发布"中国公司治理指数"，成为国内首个公司治理评价指标体系；丝绸之路研究中心为"一带一路"建设提供政府决策咨询；京津冀协同发展研究院参与党和政府决策咨询；当代中国问题研究院围绕京津双城发展、协商民主、新时代政治思维方式等发挥综合研究优势；中国自由贸易试验区研究中心、经济与社会发展研究院、跨国公司研究中心、台湾经济研究所、滨海开发研究院等高端智库机构为国家战略决策和区域发展出谋划策、做好决策储备……南开学者积极服务京津冀协同发展、自由贸易区建设等国家战略和"一带一路"建设，承担直接服务经济社会发展的项目 1400 余个，为各级党政机关提供高质量决策咨询报告 500 多份，发挥了思想库和智囊团作用。

近年来，紧贴国家重大战略需求和世界学术前沿，南开大学在人工智能研究、生态文明研究、现代工学体系构建、智能医学工程人才培养、标志性论文和科研成果产出等方面均有新的突破，展现了学校在基础研究以及引领性原创研究方面的强劲实力和后劲。

2021 年 5 月，在第五届世界智能大会闭幕式上，中国新一代人工智能发展战略研究院连续第四年发布智能科技产业年度报告，即《中国新一代人工智能科技产业发展报告 2021》和《中国新一代人工智能科技产业区域竞争力评价指数 2021》。其中，产业发展报告以"全面融合发展中的中国人工智能科技产业"为题，基于 2205 家人工智能企业、15 家国家级人工智能开放创新平台、52 家人工智能新型研发机构和 48 家新型平台主导的农村网络空间产业生态为样本，通过属性数据和关系分析，全面刻画和概括出我国人工智能与经济社会全面融合发展的现状和趋势；竞争力评价指数科学评估了人工智能科技产业区域发展和竞争力现状，同时对决定和影响人工智能科技产业区域发展的关键因素和动力机制进行了分析，系统考察了各地区促进产业发展政策体系的有效性和环境状况。两份报告引起学界和产业界的广泛关注。

成立于首届世界智能大会期间的中国新一代人工智能发展战略研究院正依托南开大学进行建设。该研究院积极发挥平台作用，联合国内外战略研究机构、人工智能企业和高校研究力量，为政府提供高质量政策建议，形成产学研贯通、政商学协同的良好态势；践行社会责任，向国务院应对新冠肺炎疫情联防联控机制科技攻关组上报建立新冠肺炎医学临床标准数据集的建议；同海河传媒中心联合录制国内首档人工智能电视新闻类节目《超级智能》；深耕高端全球性会议，发出中国声音，深度参与世界智能大会，连续多年发布人工智能科技产业发展报告。此外，该研究院专家团队通过联合国教科文组织、世界工程组织联合会等平台多次发表学术观点；承接重大战略咨询课题，承担中国工程院、教育部及天津市多类研究课题，在人工智能产业发展规划、标准体系建设、社会治理等领域多角度进行阐释研究；广泛开展调研，建设有特色的数据库，实地调研海内外智能企业，在收集"属性数据"的同时，注重"关系数据"，初步构建了我国智能科技产业发展核心数据库；推动天津不断汇聚全世界人工智能的高端资源，倡导成立天津市滨海新区新一代人工智能产业联盟，参与传统企业升级改造战略研究，助力天津市国家新一代人工智能创新发展试验区建设。

◎中国新一代人工智能发展战略研究院成立

为深入贯彻落实习近平总书记"打造自主创新的重要源头和原始创新的主要策源地"重要要求，坚持把绿色发展、落实"双碳"目标作为战略支撑，坚定不移走科技创新引领高质量发展之路，由南开专家学者、院士教授担任实验主任的物质绿色创造与制造海河实验室（以下简称实验室）于2021年底揭牌。实验室遵循新物质创制领域"精准化、精细化、融通化、智能化"的发展趋势，聚焦物质绿色合成及生产理论、方法和技术中的"卡脖子"问题，围绕新碳基物质催化合成、高端化学品与膜材料绿色制造、高性能新能源材料、碳基资源绿色转化与利用四个主要研究方向和综合交叉与智能创制平台开展核心科技攻关，通过解决化学化工关键核心问题，形成对绿色制药、新能源电池、高端化学品、能源综合利用、电子信息等领域的创新源头供给，带动天津市精细化工、石油石化、航空航天等传统优势产业升级、经济转型和人才聚集，支撑天津市"1+3+4"现代工业产业体系构建，打造"双碳"绿色产业高地，推动京津冀、环渤海以及全国战略性新兴产业高质量发展，长效服务国家及天津重大需求。

　　提升原始创新能力的平台也在南开相继搭建。学校充分发挥基础研究优势，以"大项目、大团队、大平台、大成果、大格局、大舞台"为统领，稳步推进有机新物质创造前沿科学中心建设，获批设立病原体进化机制及致病机理研究创新引智基地，组建"新能源转化与存储""细胞应答"和"中外文明"等交叉科学中心，医教研协同成果相继落地。南开国际先进研究院（深圳福田）、深圳研究院、南开大学沧州渤海新区绿色化工研究院加快建设步伐，积极推动产学研深度融合，南开–牛津大学联合研究院等一批高端国际合作平台先后揭牌。一系列重要的支撑平台陆续搭建，有力地促进了南开原始创新，勇攀科技高峰。

　　新时代，一大批标志性科研成果在南开陆续诞生，成绩斐然。周其林院士团队成果荣获国家自然科学一等奖，陈永胜教授团队成果荣获国家自然科学奖二等奖；南开学者在《细胞》（*Cell*）、《自然》（*Nature*）、《科学》（*Science*）等国际顶级学术期刊发表多篇论文；南开多项科研成果入选中国智能制造十大科技进展、中国光学十大进展等。在最新发布的 ESI 数据中，南开进入前 1% 的学科达到 15 个，其中化学学科进入前 2.5，材料科学进入前 1‰，SCI（科学引文索引）和 ESI 论文篇引用次数均稳居全国高校第一。学校冲击一流的学科布局更加清晰，明确"聚力登峰""集群突破""前沿交叉"的学科发展思路，全面实施"4211 卓越南开行动计划"，大力推动传统与新兴结合、基础与应用结合，着力培育新的学科增长点，逐步形成"文理并重、医工协同、交叉融合、特色发展"的学科布局，不断开创一流学科建设新局面，为推动国家发展和人类进步作出新的贡献。

勇攀世界科技高峰

在 2019 年度国家科学技术奖励大会上，凭借"高效手性螺环催化剂的发现"项目，中国科学院院士、南开大学化学学院教授周其林带领团队一举获得 2019 年国家自然科学一等奖。这项成果，源于周其林带领团队 20 年的潜心攻关，更是周其林在科学求索之路上长期耕耘的结果。

国家自然科学奖
证　书

为表彰国家自然科学奖获得者，特颁发此证书。

项目名称：高效手性螺环催化剂的发现

奖励等级：一等

获　奖　者：周其林（南开大学）

2019 年 12 月 18 日

证书号：2019-Z-103-1-01-R01

◎周其林院士团队项目获国家自然科学奖一等奖

　　1977 年，高考的恢复重新燃起莘莘学子的希望。20 岁的周其林当时正在农村下乡，得知这一消息，他重新拾起已经荒废四年的学业，准备报考南京大学物理学系，却由于激烈的竞争而落榜。尽管第一次高考失利，周其林却没有失去信心，经过一年的努力，最终以物理 91 分、化学 89 分的优秀成绩走进兰州大学化学系。

　　从田野乡间重返校园教室，周其林十分珍惜这来之不易的学习机会。由于从小在温润的南方长大，刚到兰州时，周其林并不适应那里的气候环境。有一年冬天，他坐在路灯下看书，因为太投入而忽略了寒冷的天气，结果冻出了风湿性关节炎，疼痛难忍，被同学送进了医院。周其林回忆，那时常有因在路灯下念书而冻病的学生，大家都非常刻苦，不肯放过任何一点学习的时间，常常彻夜攻读，否则就会觉得辜负了光阴。

　　23 岁时，周其林明确了自己的人生方向——从事有机化学的基础研究，至今他已为之奋斗了 40 多年的时光。1982 年，周其林毕业后考取了中国科学院上海有机化学研究所研究生，并先后获得硕士、博士学位。1988—1996 年，周其林以博士后的身份先后赴德国马克斯普朗克研究所、瑞士巴塞尔大学、美国三一大学从事研究。他说，做博士后的 8 年是开始科学研究的准备期，也是一个重要的积累阶段。

　　1999 年，周其林到南开大学任教，带领课题组主要从事金属催化的有机合成反应、不对称催化、手性药物合成等研究。他设计合成的高选择性手性螺环配体和催化剂，目前已在手性药物合成等领域获得广泛应用。

　　所谓手性，在多种学科中表示一种重要的对称特点。如果某物体与其镜像不同，则其被称为"手性的"，而且，其镜像是不能与原物体重合的，就如同左手和右手互为镜像而无法叠合。手性物体与其镜像被称为对映体；在有关分子概念的引用中也被称为对映异构体。可与其镜像叠合的物体被称为非手性的，有时也称为双向的。虽然此前已出现许多有关手性催化剂的研究，但真正对多种反应都有效的所谓"优势手性催化剂"很少。由于药物中存在许多手性物质，它们的两种对映异构体，在生理过程中会显示出截然不同的药效；而在通常的化学合成中，这两种对映异构体出现的比例是相等的，所以对于制药公司来说，每生产一千克的药物，还要想尽办法去分离出其中的一半。因而，想要右手分子就产生右手分子，想要左手分子就产生左手分子，就成为科学家追求的目标。

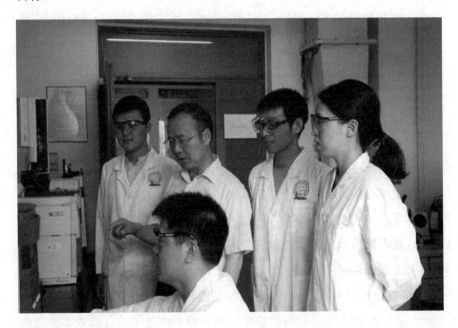

◎周其林院士指导学生实验

科研工作容不得半点马虎，周其林在日常的工作生活中展现出科学家精益求精的品质。他数十年如一日，每天早晨 8 点到实验室，晚上 9 点左右离开，一周工作 6 天，一年还会带学生出去旅游 2 次，劳逸结合。他曾经的硕士生李亚利说，周老师对自己和课题组内的学生要求特别严格，发文章时非常谨慎。"在我们发文章之前，周老师都会要求其他同学将实验重复一遍，对关键步骤的数据进行验证，结果相同才准许发表。"周其林常常告诫学生，化学是一门基础学科，做实验要负责任，万一数据有错，小到科研细节，大到人类发展，都会产生严重的后果。

师者仁心，春风化雨，谆谆教导，桃李满疆。周其林教授不仅是有机化学领域的耕耘者，更是南开园内人人敬仰的伯乐。他的课题组具有开放性，无论本科生、硕士或博士，只要对他的研究方向感兴趣，都可以到他的实验室体验一番。曾有哲学系、英语系的本科生，研究生阶段转学化学，在周其林的指导下获得硕士和博士学位。有人曾问他，你日复一日每天和学生埋头于实验室，不觉得枯燥吗？周其林却笑着说："没有什么比和我的学生一起探索未知更幸福、更快乐的事了，这让我沉浸其中，我很平静、很享受。"为了让学生减少物质上的压力，从而集中精力做研究，他尽可能地提高他们的生活津贴；为了创造舒心的科研环境，他率先对实验室进行改造；为了引导正确的学术风气，他从不催促学生早发论文，而是提倡"遵循规则，练好手艺"……周其林常常提醒学生：做研究就是要发现别人没发现的东西，如果你没有独立的思想、独立的思考，不去质疑那些所谓的原理、定理，是做不出新东西来的。他还说，自己欣赏的学生一要会善于交流沟通，因为当今的学界早已过了单打独斗的时代；二是要思想活跃，创造力是化学必不可少的素质；三是要勤奋，这是无数科学家成功的秘笈所在。

天道酬勤，功不唐捐。周其林院士带领团队研发出的手性螺环催化剂，在多种不对称反应中表现出极高的催化活性和优异的对映选择性——甚至超越了大多数酶的水平，从而将手性分子的合成效率提高到了一个新的高度，也改变了人们对人工催化剂极限的认知。凭借"高效手性螺环催化剂的发现"项目，周其林院士带领团队一举获得 2019 年国家自然科学奖一等奖——这一中国自然科学领域的最高奖项。该奖项由于评选十分严格，在历史上曾多次空缺。周其林院士带领团队潜心攻关20 年，发展出一类全新的手性螺环催化剂骨架，从这类骨架结构出发，合成了系列手性螺环催化剂——国内外同行称之为"周氏催化剂"。这不仅是南开化学的标志性成果，更成为合成化学中一个不可或缺的工具，被全球 40 多个研究组借鉴，应用于 200 多种不对称合成反应，以及多种手性药物的生产。该项目参评国家自然科学奖一等奖的推荐人、中国科学院院士丁奎岭在谈及推荐原因时说："手性螺环催化剂带动了手性催化

RESEARCH

ORGANIC CHEMISTRY

Highly enantioselective carbene insertion into N–H bonds of aliphatic amines

Mao-Lin Li, Jin-Han Yu, Yi-Hao Li, Shou-Fei Zhu*, Qi-Lin Zhou*

Aliphatic amines strongly coordinate, and therefore easily inhibit, the activity of transition-metal catalysts, posing a marked challenge to nitrogen-hydrogen (N–H) insertion reactions. Here, we report highly enantioselective carbene insertion into N–H bonds of aliphatic amines using two catalysts in tandem: an achiral copper complex and chiral amino-thiourea. Coordination by a homoscorpionate ligand protects the copper center that activates the carbene precursor. The chiral amino-thiourea catalyst then promotes enantioselective proton transfer to generate the stereocenter of the insertion product. This reaction couples a wide variety of diazo esters and amines to produce chiral α-alkyl α-amino acid derivatives.

Chiral amines are ubiquitous in natural products, pharmaceuticals, and agrochemicals. Approximately 40% of the top 200 prescription medicines in 2016 contain an aliphatic amine moiety (Fig. 1A) (1, 2). The development of highly enantioselective transition-metal-catalyzed reactions that form C–N bonds is thus of long-standing interest in synthetic chemistry (3–5). Transition-metal-catalyzed carbenoid insertion into N–H bonds has proven a straightforward method in this respect, benefitting from mild reaction conditions, good functional group tolerance, and readily available reactants (6, 7). Recently, chiral transition-metal catalysts have been successfully applied to enantioselective N–H insertion reactions in the synthesis of natural or unnatural chiral α-amino acid derivatives (8, 9). However, these reactions have been restricted to aromatic amines (10–15) or amides (16–18) (Fig. 1B). Aliphatic amines are comparatively stronger Lewis bases and thus poison the metal catalysts by strong coordination, interfering with generation of the metal carbenoid (19, 20). Moreover, excess aliphatic amines can displace the ylide from metal-ylide intermediates, leading to racemic product formation from the free ylide (Fig. 1C, upper). We envisioned that a combination of two catalysts (21, 22) might address these challenges: An achiral transition-metal catalyst compatible with aliphatic amines would generate the ylide intermediate, and a separate chiral catalyst would then promote enantioselective proton transfer. After exploring various transition-metal catalysts and chiral H-bonding catalysts in the N–H insertion reaction of α-diazo butanoate with benzylamine (tables S1 to S6), we report here the success of this approach, pairing the homoscorpionate-coordinated copper complex

State Key Laboratory and Institute of Elemento-Organic Chemistry, College of Chemistry, Nankai University, Tianjin 300071, China
*Corresponding author. Email: sfzhu@nankai.edu.cn (S.-F.Z.); qlzhou@nankai.edu.cn (Q.-L.Z.)

Tp*Cu [Tp* is hydrotris(3,5-dimethylpyrazolyl) borate] (23–25) with achiral amino-thiourea (CAT) bearing a pyrrolidine motif (26–29) (Fig. 1C, lower). The reaction provides efficient, highly enantioselective access to chiral α-alkyl α-amino acid derivatives bearing secondary and tertiary amino substituents, which are difficult to prepare by other methods.

Under the optimal reaction conditions, a broad range of aliphatic amines was then investigated for N–H insertion with 1-phenylpropan-2-yl α-diazobutyrate 2 (Fig. 2A). The benzylic primary amines underwent the N–H insertion reaction smoothly to afford the corresponding α-aminobutanoic acid derivatives (3 to 9) in high yields (81 to 99%) with high enantioselectivities [88 to 92% enantiomeric excess (ee)], though 2-phenethylamino and n-butylamine gave moderate enantioselectivities (10 and 11). Secondary amines were also suitable substrates for the reaction but required longer reaction times and excess diazo compounds for satisfactory outcomes. Piperidine derivatives generally exhibited high enantioselectivities, and the introduction of electron-withdrawing groups (CO₂Me and CN) at the 4-position led to higher yields (71 and 86%, respectively) and better enantioselectivities (90 and 94% ee, respectively) (12 to 14). Morpholine, substituted piperazines, and thiomorpholine also underwent the N–H insertion and gave the desired products (15 to 19) in high yield with 87 to 97% ee. Fused bicyclic amines also afforded N–H insertion products in satisfactory yields and enantioselectivities (20 and 21). However, azepane and N-methylbutanamine gave lower enantioselectivities (73 and 77% ee, respectively, 22 and 23). The N–H insertion reaction with chiral drugs, such as amoxapine, trimetazidine, and vortioxetine, proceeded smoothly to afford corresponding α-aminobutanoic acid derivatives (24 to 26) in high yields with good enantioselectivities (Fig. 2B). The scope with

respect to the diazo reactant in the N–H insertion of morpholine was investigated next (Fig. 2C). Diazo esters with linear or branched α-alkyl chains afforded the desired products in good to high yields (66 to 99%) with excellent enantioselectivities (94 to 96% ee) (27 to 31). Various functional groups (alkenyl, ester, ether, amide) appended in the alkyl chain were tolerated, giving high yields (86 to 99%) and enantioselectivities (87 to 96% ee) (32 to 38). Furthermore, α-aryl diazoacetates also afforded the corresponding α-arylglycine derivatives (39 to 44) in high yields (>95%) with good enantioselectivities (72 to 89% ee).

To demonstrate the further synthetic utility of the N–H insertion reaction, several transformations of the insertion products were performed. The product (R)-3 was reduced by LiAlH₄ to afford (R)-2-benzylamino-butanol [(R)-45], an intermediate for the synthesis of γ-secretase inhibitors (30) and PDE1 inhibitors (31) (Fig. 3A). The product 15, which could be prepared at gram scale from N–H insertion of morpholine and diazo ester 2, was hydrolyzed to acid 46, an intermediate for the synthesis of hypoproliferative disorder (HPD) treatment agents (Fig. 3B) (32). The (R)-2-morpholinopropanoic acid (47), which is prepared by hydrolysis of the product 27, is a key intermediate for the synthesis of the phosphatidylinositol 3-kinase δ (PI3Kδ) inhibitors (33), as well as DNA-dependent protein kinase (DNA-PK) inhibitors (34) (Fig. 3C).

To gain deeper insight into the mechanism of the N–H insertion reaction, we performed kinetic analyses by using in situ infrared (IR) spectroscopy. To accelerate the kinetics, the initial rates of the reaction were measured at various concentrations of the components at 40°C (figs. S1 to S5). The rate showed a first-order dependence on concentrations of Tp*Cu and diazo compound 2 (Fig. 4A), which indicates that the formation of metal carbenoid through Tp*Cu-catalyzed decomposition of diazo ester 2 is the likely rate-limiting step. The negative first-order dependence on CAT is consistent with a pre-equilibrium formation of a resting-state complex between the thiourea catalyst CAT and Tp*Cu, which would suppress the copper-catalyzed decomposition of the diazo ester. However, benzylamine, generally coordinating with the metal catalyst and suppressing the formation of metal carbenoid, showed a zero-order kinetic effect in the reaction, which suggests that the coordination of CAT to Tp*Cu is much stronger than that of benzylamine, and the inhibition by benzylamine can be ignored (fig. S6). We posit that the negative Tp* ligand renders the copper catalyst a softer Lewis acid that favors interaction with a soft base like sulfur. Further evidence for the stronger interaction between CAT and Tp*Cu includes observations

◎2019 年，国际著名期刊 *Science* 在线发表南开大学周其林和朱守非团队研究文章

剂的发展，在科学上是有引领性的。"手性螺环催化剂的发现和创造，不仅在科学上带来突破，同时带来了催化剂的卓越性能，继而产生了推动药物生产等一系列价值，具有"变革性"。周其林说，这项工作的意义，在于发现了一类非常高效的催化剂，用来合成手性分子，制造手性药物。对于学术界的影响在于，很多过去不能够合成的分子，现在能够合成了；对产业界的影响就是，过去很多的药物合成起来非常困难，现在合成这

些药物非常方便。

在取得一系列成就之后，周其林又瞄准了新方向的创新突破。在谈及今后的科研方向时，他说，手性螺环催化剂还会继续发展，但不再是课题组今后的主要科研攻关方向。周其林表示："在基础研究上做深做透，才可能去攀登科学高峰。"

很多人惊讶于周其林的这一决定，毕竟"周氏催化剂"从研发到广获赞誉，凝聚着课题组 20 年的心血，且如今依然有空间将其发展得更为完美，就这样"转战"其他领域，实在是可惜。"作为基础研究，原创性的工作已经完成；接下来，周老师会继续带领我们瞄准其他更加基础的领域去研究。"对于周其林的决定，课题组成员、化学学院教授朱守非是这样认识的，周老师的手性螺环催化剂是"从 0 到 1"的工作，他开拓了不对称催化新领域，其原始创新的工作已经基本结束。至于将手性螺环催化剂应用到更多药物、农药、香精、香料等合成和生产过程的研究工作会有应用型科学家跟进。

周其林自己也经常在想，如果有一天，石油、天然气等化石资源面临枯竭，那么要用什么原料来合成人类文明所依赖的材料？这是一名肩负"创造新物质"责任的化学家所着眼的未来。

2019 年 1 月 17 日，习近平总书记来到南开大学石先楼，在元素有机化学国家重点实验室考察时，他强调，要加快一流大学和一流学科建设，加强基础研究，力争在原始创新和自主创新上出更多成果，勇攀世界科技高峰。半个多世纪以来，南开大学石先楼里，先后聚集了何炳林、陈茹玉、王积涛、申泮文、李正名、周其林等一大批卓越的化学家，元素有机化学国家重点实验室成立 30 多年来不断创新，承担了包括国家攀登计划、973 计划、863 计划项目、国家自然科学基金重大及重点项目在内的国家级科研任务，并获得了一批国家级奖励，培养了上千名的优秀人才。新时代的南开师生必会牢记总书记嘱托、发扬光荣传统，把小我融入大我，把学习奋斗的具体目标同民族复兴的伟大目标结合起来，立志作出这一代人的历史贡献。

共抗疫情 爱国力行

2020 年初，突如其来的一场新冠肺炎疫情在武汉暴发并迅速向全国蔓延。危难之际，1 月 20 日，中共中央总书记习近平对新型冠状病毒感染的肺炎疫情作出重要指示："各级党委和政府及有关部门要把人民群众生命安全和身体健康放在第一位，制定周密方案，组织各方力量开展防控，采取切实有效措施，坚决遏制疫情蔓延势头。"①中共中央政治局常务委员会于 1 月 25 日召开会议，要求"各级党政领导干部特别是主要领导干部要坚守岗位、靠前指挥，在防控疫情斗争中经受考验，深入防控疫情第一线，及时发声指导，及时掌握疫情，及时采取行动，做到守土有责、守土尽责"。

抗击疫情就是命令。南开大学党委于 1 月 22 日、24 日召开党委常委会议和有关专题会议，研究部署疫情防控工作，党委书记杨庆山、校长曹雪涛担任学校疫情防控领导小组组长。为提高统筹联动效率，疫情防控协调工作组作为前线指挥部，十余个工作组相继成立。除夕夜当晚，党委学工部对 3 万名学生、798 个疫区学生的动态进行摸排，汇总了 1889 条数据。南开大学党委积极响应国家号召，组织生物、医药、大数据统计等学科的尖端力量，联合科研院所、高校、企业共同行动，从疫苗与生物制剂研究、流行病模型预测等方面开展疫情防控科研攻关。1 月 26 日、28 日，天津市第一批、第二批援鄂医疗队出征，南开大学附属医院马娜、于国珍、尹楠 3 名党员护士，内科医生、副主任医师张小青共 4 名医务工作者飞往武汉。于国珍在护理记录中写道："在工作中才能找到

---

① 《习近平：要把人民群众生命安全和身体健康放在第一位　坚决遏制疫情蔓延势头》，《人民日报》2020 年 1 月 21 日。

自己，忙着忙着就忘了一切。有焦躁的病人在我的耐心劝说下也开始积极配合治疗，我感到很欣慰。"张小青提交了入党申请书，火线入党，成为中共预备党员。

随着大批医务人员赴湖北支援疫情防控，许多医务工作者的孩子面临无人陪伴的困境。2月8日，南开大学团委率先发起"致敬最美逆行者"关爱一线医护人员子女公益家教志愿服务项目，结对开展学业辅导、读书交流、才艺指导、关爱陪伴等服务。770余名南开学子迅速响应，争做同心战"疫"的志愿者、参与者。正值元宵佳节，一位项目管理人员的微信朋友圈这样写道：公益家教志愿服务上线5小时，浏览量突破5000次，后台报名链接填写450多条，元宵节的夜晚在咨询电话中度过，充实而难忘。

南开大学第20届研究生支教团成员王惠是第一批报名南开大学公益家教志愿者，现在她成为了"高中政治哲学专题"学习小组的一名"主播"，眼前小小的一方电脑屏幕连通着来自五湖四海投身战"疫"一线的医护人员的子女们。

9点，南开大学第20届研究生支教团成员王惠家中
为爱埋首苦读，抬头暖阳春草

"服务地"变了，但"志愿者"的身份不改，对于"传播知识"这项工作的责任感、使命感也未减分毫。平均每次学习交流1小时，一度两个框题，PPT50页，面向30余人次；学习内容多，"备课"时间紧，"听众"要求大，基本每次尚未点击"结束直播"按钮后她就要听取大家的反馈，再紧锣密鼓地准备下次交流的内容，课本、笔记本、整理的要点提纲铺满了桌子。

"即便只有一个人在听，我的努力就没有白费。况且我付出的，还远远达不及他们父母的万分之一。"

◎人民日报客户端天津频道《天津青年战"疫"24小时》

疫情是对南开大学品格和精神的磨砺。南开大学党委书记杨庆山、校长曹雪涛在《致南开大学全体同学的一封信》中写道：

> 在疫情防控阻击战的关键时刻，全体南开人以秉公尽能、团结奋斗、共克时艰的担当作为，诠释着对国家的赤诚、对同胞的大爱，彰显着百年南开智勇真纯的初心和使命！希望同学们做科学防护的实践者、示范者，做网络谣言的斗争者、终结者，做同心战"疫"的志愿者、参与者。
>
> 越是风雨侵袭，越要万众一心。
>
> 越是关键时刻，越要勇于担当。
>
> 越是严峻考验，越要静心沉淀。

3月22日，民航局、外交部、国家卫健委等部门发布公告，决定目的地为北京的国际客运航班从天津等指定第一入境点入境，本来就是国家特大城市、重要港口的天津，防疫责任更重了。在天津市东丽区的滨海国际机场，每天都有来自世界各地的国际航班旅客入境。流行病学调查和入境人员集中隔离等沟通协调工作面临巨大的语言沟通障碍，疫情防控急切需要专业力量为入境人员和工作人员提供语言服务。

面对疫情期间跨语言交流的需求，南开大学立即召集外国语学院与学生工作部门紧急研究部署、制订工作方案，选拔志愿者成立"突击队"。按计划，南开大学选派外国语学院师生成立"突击队"，第一批招募德语、俄语、意大利语、法语、英语等相关专业的 25 名师生参加志愿服务工作，另有超额招募的 15 名师生志愿者组成第二批后备队伍随时准备出征。招募通知发出的短短 3 小时内，就有 26 名在津学生迅速响应，报名人数超过相关语种专业在津人数的 80%，超额完成招募。在党委统筹领导、师生踊跃参与的强大动力下，南开大学抗击疫情翻译志愿者突击队火线成立。很快，一群南开青年身着防护服出现在天津滨海国际机场，他们用自己的外语专长，参与到严防境外疫情输入的疫情防控工作中。

疫情期间的翻译工作危险而辛苦。翻译突击队成员回忆："手套要带两层，袖口要严严实实地塞到手套里，口罩加护目镜压得人憋气，动作必须轻柔以避免防护服撕裂。"为了接待早上9时抵津的俄罗斯航班，俄语专业4位学生志愿者刘婧玲、张蕴朦、郭雨辰、谢雨阳早上5点就出发前往机场。因为国际航班载客量较大，他们的工作持续整整一天，晚上9点才结束，工作时间长达16个小时。

除了跨语言服务，南开科技工作者也运用自己的科研特长，投身于疫情防控的广阔战场。

2020年2月，南开大学统计与数据科学学院黄森忠教授及山西大学复杂系统研究所所长靳祯教授、南京医科大学公共卫生学院彭志行副教授共同领衔的团队，利用国家卫健委公布的确诊病例总数数据链，通过应用传播动力学和普适SEIR模型作为模型理论，借助"南开大学智英健康数据研究中心"开发的程序EpiSIX，分析了新冠病毒肺炎疫情数据，将分析结果生成可视化网页，开展疫情发展回顾、确诊病例数时序区间预测等相关工作，研判疫情发展情况及疫情防控效率。从1月30日开始，黄森忠教授团队每3日发布一次预测，并根据疫情变化，及时调整预测评价指标，其预测区域也进一步细化，由原来对全国、湖北省、武汉市的疫情预测，拓展为对各省市的预测。

除了软件数据的支撑，南开团队也在硬件开发上做出了"硬核"表现。2020年5月4日，在中央电视台五四青年节特别节目中，由人工智能学院段峰教授团队研制的智能防疫遥操作机器人"小安"首次亮相。段峰教授介绍，机器人"小安"可以有效协助医护人员日常工作，减少人力成本，在一定程度上降低新冠肺炎疫情背景下前线医护人员面临的高感染风险。拥有一个液晶屏"脑袋"、两个机械"手臂"的机器人"小安"可以通过手机操控在室内进行灵活穿梭，实现红外线体温检测、导诊分诊、消毒剂喷洒、检测样本转运、垃圾清运等功能，并可利用身上配备的摄像头对病房进行实时观察，协助医生开展"远程会诊"。段峰开发这款机器人的初心就是"用自己的专业所长做些力所能及的事，协助医护人员，减少不必要的人员消耗，并且降低前线医护人员面临的高感染风险"。由于正处于疫情形势紧张阶段，流通不便，制作全过程都要段峰亲力亲为，连机器人的外壳都是他自己动手制作的。

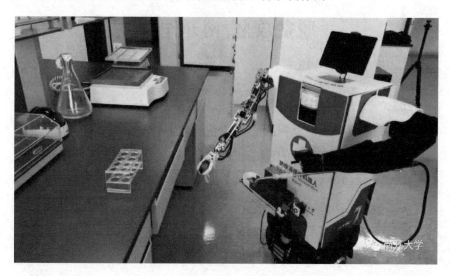

◎智能防疫机器人"小安"

疫情是全人类共同的敌人。面对战疫走向常态化，南开大学始终走在共抗疫情、爱国力行的最前沿。南开人始终铭记：越是风雨侵袭，越要万众一心；越是关键时刻，越要勇于担当；越是严峻考验，越要静心沉淀。教育为国、科研报国的坚定信念将一直融汇在南开人的血脉中，不断传承下去。

脱贫攻坚 南开作为

2021 年 2 月 25 日，全国脱贫攻坚总结表彰大会在北京隆重举行。习近平总书记向世界庄严宣告："经过全党全国各族人民共同努力，在迎来中国共产党成立一百周年的重要时刻，我国脱贫攻坚战取得了全面胜利，现行标准下 9899 万农村贫困人口全部脱贫，832 个贫困县全部摘帽，12.8 万个贫困村全部出列，区域性整体贫困得到解决，完成了消除绝对贫困的艰巨任务，创造了又一个彪炳史册的人间奇迹！"[①]

助力庄浪脱贫，是党中央、国务院交给南开大学的一项光荣的政治任务。自 2012 年底明确定点帮扶庄浪县以来，南开大学党委始终坚持以习近平总书记系列重要讲话精神为元为纲，以高度的责任感和崇高的使命感扎实开展定点扶贫工作。

在接到任务后，学校通过召开党委常委会、校党委理论中心组学习会、扶贫工作专题推动会等形式，进一步提高政治站位，统一思想，凝聚共识，切实树立起攻坚意识，压实攻坚责任，完善攻坚机制，按照教育部对脱贫攻坚工作的要求，扎实做好定点扶贫各项工作，建立长效帮扶机制，携手庄浪实现脱贫攻坚，走向乡村振兴。

为助力庄浪脱贫，一批又一批的南开人接力来到庄浪，深入一线开展帮扶工作。南开大学党委书记、校长多次带队赴庄浪县考察定点扶贫工作。学校先后选派多名优秀干部到庄浪县挂职副县长、到村任第一书记。全校各单位各部门、广大南开师生校友都献计出力，对庄浪县展开全方位的深度帮扶。

[①]《全国脱贫攻坚总结表彰大会在京隆重召开》，《人民日报》2021 年 2 月 26 日。

要想斩断贫困的代际传递，走上乡村振兴的道路，必须激发和培育农村低收入人群发展的内生动力。而改变人们多年形成的观念和意识，必须从年轻一代入手，"扶贫先扶志，扶贫必扶智"成为扶贫攻坚"南开方案"中的重中之重。

庄浪县农村学校多、学生多，教育资源分布不均衡。针对这一情况，南开大学着眼于推动实现当地基础教育资源均衡化和高质化，加大力气援助庄浪乡镇一级的学校发展教育事业。

从 2018 年开始，南开大学坚持学校投入做基础、定方向，校友投入提水平、增效果的做法，为庄浪县援建"公能"教室。仅 2018 年，南开大学就投入 90 万元，爱心校友捐助 136 万元，建设完成 14 所教室。截至 2020 年底，在南开人的帮助下，庄浪建设完成了 46 间"公能"素质教育发展教室，实现全县乡镇中心小学、乡镇初级中学、县城小学全覆盖，3.5 万余名中小学生受益。"公能"素质发展教室也作为典型和成功案例，入选由国务院扶贫办组织编写的《脱贫攻坚扶贫扶志案例选编》。

在每间"公能"教室，都有机器人套装、编程教育套装、可编程无人机、3D 打印设备、智能资源采集竞赛场地等"硬核"设备，还有教育资源类（含智能钢琴、智能平板教学一体机）、绘画书法类（含水写布套装、画笔套装、素描本、升降两面白板、字帖）、自然科普类（含地图挂图、动植物标本、科学实验套装）、棋牌益智类（含围棋、象棋、跳棋、棋盘）等硬件模块。

为提高动手能力，每间"公能"教室还专门配置了"动手构建类"模块（含乐高积木、几何构建组合设备等），以科学教育和实验教学，着力培养庄浪学子的认知能力，促进思维发展，激发创新意识，推动庄浪学子"德智体美劳"全面发展。

◎庄浪学生在南开大学"公能"素质教育发展教室上课

　　捐建鲁班工坊、南开书屋，选派研究生支教团，捐赠慕校设备、朗读亭等，南开人带着感情、带着责任，让山里的孩子们充分体会学习的乐趣，树立成长志向，为新时代的教育扶贫提供"南开方案"。目前，学校还通过专业学院与庄浪中小学校结对帮扶、教育教学物资定点捐赠等形式，提升当地基础教育软硬件水平；引进帮扶资金，设立专项奖助学金，支持庄浪当地品学兼优的学生。越来越多的南开师生通过暑期社会实践、"公益晨跑"项目等活动，来到庄浪调研支教。学校还单列计划，组织庄浪县高中生赴津参加"青少年高校科学营"，让庄浪学子走出大山，开阔眼界，树立起"读书改变命运"的信心和"读书报效祖国"的志向。

　　打好脱贫攻坚战，关键还是要发挥本地干部队伍和人才的作用。扶贫期间，南开为庄浪县培训各级各类党政干部和专业技术人员4500余名。学校还与当地医院开展远程医疗、医务人员联合培养等工作。

◎南开为庄浪提供人才培训和技术支持

　　通过打造"南开大学（庄浪县）环境保护教授工作站""南开大学（庄浪县）旅游产业教授工作站"，学校组织经济、旅游、环境保护和农业技术等领域的知名专家学者赴庄浪县考察调研，为脱贫攻坚期和摘帽后的产业发展出谋划策。

　　环境科学与工程学院冯银厂教授团队赴庄浪县开展环境保护和污染治理调研，形成《庄浪县全域混合生活垃圾处理处置解决方案》。商学院教授白长虹、旅游与服务学院教授石培华为庄浪县旅游产业规划建言献策，庄浪县关山大景区、韩店镇石桥旅游示范村等一批文旅项目渐成规模。文学院艺术设计系师生多次赴庄浪采风创作。由多个不同领域专家组成的课题组，研究制定了庄浪县"一校两馆"建设和教育培训方案，凝练文化扶贫亮点，深入挖掘提升"庄浪精神"。如今，位于庄浪县城紫荆广场的梯田精神纪念馆已经成为庄浪县一张靓丽的文化名片。

　　南开大学还广泛动员校友到庄浪县兴业投资，谋划开办"扶贫车间"。2019 年，学校先后联系浙江粮油食品进出口公司、物美超市天津分公司等优质企业，为庄浪县定向提供就业岗位近 3500 个。

　　利用前沿生物技术助农脱贫，南开帮助庄浪建立可持续的经济发展模式。土豆种植是庄浪县的主要产业之一，其年产商品土豆达30万吨。庄浪土豆所含淀粉、钙等营养成分均优于其他同类产品。不过，当地农民发现有大量地下害虫在播种后、出苗前危害种薯和根系，影响了土豆的品相和售价。

　　为解决这一问题，南开大学生命科学学院教授阮维斌提出"绿色有机种植"理念。阮维斌团队长期研究的"以虫治虫"替代化学农药、绿色防控地下害虫技术，解决了长久以来困扰土豆种植户的虫害难题。在他和挂职干部的指导管理下，庄浪建立了技术示范基地，以羊粪作为肥料，全程采用人工除草进行有机土豆的种植。

　　阮维斌还发动身边的同事、学生和从事绿色蔬菜生产的合作伙伴一起帮助庄浪县农户销售土豆，并在由其实验室师生运营、以推介绿色生物技术为主要目标的微信公众号"南开生科生物防治技术团队"上卖起了土豆。绿色有机蔬菜种植技术的引进为庄浪农民带来了新的可持续致富之路。

　　南开人聚焦脱贫难点重点，将创业与扶贫相结合。2017年，苹果大县庄浪遭遇多年不遇的严重干旱和冰雹灾害，得知这一消息后，南开大学在帮扶建设"庄浪苹果网"的基础上，校县共青团通力合作，以"果农+果品龙头企业+大学生创业团队+公益扶贫"的模式，借助爱生活、农梦成真等学生创业团队和校友组织的公益影响力，发起"庄浪公益苹果"项目。24小时微信阅读量逾10万人，订单超过1万箱，募集贫困大学生圆梦助学金5万多元，"庄浪公益苹果"项目累计关注人数超过40万人，在京津沪广深等大城市消费者中有力地推广了庄浪苹果品牌。

　　2020年以来，为进一步巩固提升庄浪县脱贫成效，加快推进当地经济发展，南开大学以"消费扶贫"为重要抓手，研究制定了《南开大学2020年消费扶贫专项工作方案》，印发了《关于号召党员干部积极参与消费扶贫的通知》，积极组织各方力量，在批量采购上加大力度，使更多的庄浪产品进校园、进食堂、进福利，让广大师生和校友共享脱贫攻坚成果。

◎南开大学消费扶贫专柜

2020 年 5 月，南开大学与校友企业物美集团签约开设的新超市，专门设立了"南开大学消费扶贫专柜"，销售庄浪县包括红富士苹果、沙棘汁、苹果酱、苹果醋、马铃薯手工粉条、淀粉等农特产品。

同时，南开大学上线"南开大学扶贫"微信公众号，全面整合"教育部 e 帮扶平台""农业银行庄浪专区""建设银行庄浪专区"和"南开品牌文化店庄浪专区"等线上销售渠道，宣传推广庄浪县农特产品。公众号共设置"理论学习""携手庄浪""来！庄浪"三个主菜单，用户只需点击"来！庄浪"即可轻松选购自己心仪的产品。在"来！庄浪"菜单中，有"教育部 e 帮扶""南开品牌文化店""农业银行庄浪专区"三个购物平台供用户选择。南开大学利用这一"互联网+"爱心扶贫公益平台，将消费行为与爱心慈善有机结合，创造消费扶贫新价值。

通过双方的科学谋划、共同努力，庄浪县定点扶贫工作在教育扶贫、医疗扶贫、产业扶贫、消费扶贫、科技扶贫、劳务扶贫、干部培训等多方面取得了突出成效。2020 年春，庄浪县顺利实现脱贫摘帽。

在这场脱贫攻坚战中，党带领人民群众披荆斩棘、栉风沐雨，发扬钉钉子精神，敢于啃硬骨头，攻克了一个个贫中之贫、坚中之坚，南开人也发扬"公能日新"的精神，奋力书写决胜全面建成小康社会、决战脱贫攻坚的"时代答卷"！

小我融入大我　青春奉献祖国

　　2019 年 1 月 17 日，在南开大学百年校庆之年伊始，习近平总书记来到南开视察。那一天，"爱我中华，振兴中华"的嘹亮口号一浪高过一浪，逾 5000 名师生汇聚到庄严的主楼南广场，共同唱响《我和我的祖国》。在经久不息的掌声、歌声与欢呼声里，习近平总书记满怀深情地同近处的师生亲切握手，向远处的人群挥手致意。

◎师生参观校史展览　重温"爱国三问"

　　"爱国主义是中华民族的民族心、民族魂。南开大学具有光荣的爱国主义传统，这是南开的魂。当年开办南开大学，就是为了中华民族站起来去培养人才的。我们现在迎来了从站起来、富起来到强起来的阶段，我们要把学习的具体目标同民族复兴的宏大目标结合起来，为之而奋斗。

只有把小我融入大我，才会有海一样的胸怀，山一样的崇高。希望你们脚踏实地，在新的起点作出你们这一代人的历史贡献，成为南开大学新的骄傲。"①

习近平总书记的殷殷嘱托，温暖而振奋，鼓舞了万千南开学子。

抚今追昔，回望百年。"勿志为达官贵人，而志为爱国志士。"这是校父严修对所有南开人的勉励。"为国家办教育，办以国家为最高目的教育。"这是老校长张伯苓兴创南开的初心。自 1919 年建校以来，南开大学历经五四风雷、抗战烽火、校址南迁等重大洗礼，凝铸了"爱国奋斗，公能日新"的南开品格，走出了一条与国家民族休戚与共的大学之路。"知中国，服务中国"的学术宗旨和"允公允能，日新月异"的校训精神，在一代代南开人身上赓续传承。

学校以习近平总书记对南开爱国主义光荣传统的充分肯定为强大动力，在实现中华民族伟大复兴中国梦的新征程上，奋力书写更加璀璨辉煌的"南开答卷"。

南开人将爱国报国的情怀书写在扎根中国大地的实践中。党的十八大以来，南开探索形成师生"四同"（同学同研、同行同讲）的社会实践育人新模式，引导广大师生积极投身脱贫攻坚与乡村振兴、"一带一路"等国家重大发展战略，不断强化师生对伟大祖国的认同感、对中华民族的归属感以及爱国报国的坚定信念。2019 年寒假，南开大学"小我融入大我，南开与祖国同行"主题社会实践蓬勃开展。2500 余名学生、730 余支实践队分赴全国 700 余所重点高中开展"小我融入大我，南开与祖国同行"主题宣讲，部分师生还以亲历者的身份回忆了习近平总书记来南开视察时的情形，分享了自己的学习心得。同年暑假，南开开展"小我融入大我，青春奉献祖国"师生同行暑期社会实践，共有 6000 余名学生、600 余支实践队参与国情民情实践调研、红色文化育人、服务国家重大战略、海外社会实践等四个专项活动，同学们走出学校，走进社会，

————————

① 《习近平寄语南开师生：只有把小我融入大我，才会有海一样的胸怀、山一样的崇高》，新华社 2019 年 1 月 18 日。

在实践中砥砺青春、奉献祖国。自新冠肺炎疫情发生以来，在党组织、团组织的引领下，南开学子开展了公益家教、向社区报到等八项志愿服务活动，用实际行动贯彻落实习近平总书记视察南开大学重要讲话精神，在抗击疫情过程中光大南开品格。在疫情防控常态化背景下，同学们严格遵守当地和学校疫情防控工作部署要求，以家乡所在地为主就近就便开展社会实践活动，大力弘扬南开"知中国，服务中国"的优良传统。他们深入基层一线，为脱贫攻坚和乡村振兴作贡献，助力全面小康；深入学习"四史"，传承红色基因，感悟革命初心；投身防汛救灾工作，冲锋在前、甘于奉献，展现"把小我融入大我"的责任担当；开展民法典普法工作，促进城市法治文明建设，为美丽家乡建设贡献南开青年的智慧与力量。南开学子在实践中生动诠释了新时代青年"把小我融入大我"的责任和担当。

◎南开师生前往甘肃庄浪开展社会实践

2021 年，献礼建党百年，南开师生围绕"牢树中国自信"国情民情调研、"坚定中国信仰"红色文化育人、"扎根中国大地"服务国家重大发展战略和"讲好中国故事"社会实践等四个专项，奔赴祖国的四面八方，开展"奋斗百年路 启航新征程"师生同行暑期社会实践活动。他们用脚步丈量中国，把青春写在祖国的大地上，在社会实践中提高能力、锤炼意志，勇担时代责任。

◎南开大学"梨园春荟"校园活动

以青春之我，成就青春中国。

2017 年，习近平总书记给南开大学 8 名新入伍大学生回信勉励，这激励了越来越多的南开人携笔从戎，将个人发展的"小我"融入强军伟业的"大我"中。南开人始终奋斗在实现强军梦、强国梦的伟大征程上，以实际行动诠释新时代青年的责任与担当，把爱国之心化为报国之行，为有志青年树立了新的榜样。

近三年来，南开大学有 108 名学子以不同形式献身国防。南开大学先后有11000 余名学生、300 余名教师组成 7400 余支实践队分赴祖国各地，调研国情民情，服务地方发展，助力脱贫攻坚。三年来，南开毕业生到国家重点行业及重点领域就业的人数占学校就业人数的 45.34%。2019 年至今，已有 276 名毕业生响应号召到中西部地区条件较为艰苦的基层工作，在祖国最需要的地方贡献青春力量、实现个人价值。

传承百年校训精神，实施特色"公能"素质教育，南开格外注重对学生的价值引领。"教育一事，非独使学生读书习字而已，尤要在造成完全人格，三育并进而不偏废。"长期以来，南开坚持正确的办学方向，实施"公能"素质教育，深化课堂教学、校园文化、社会实践"三位一体"的育人模式，大力培养德智体美劳全面发展、堪当大任的时代新人。学校以"公能"校训为切入点，培育弘扬优良校风和学风，陆续启动"小我融入大我，青春奉献祖国""弘扬爱国奋斗精神、建功立业新时代"等主题教育活动，重点安排"学习周恩来精神，践行南开人责任""礼赞中国心，铸牢南开魂"等文化活动内容，引导师生厚植爱国主义情怀，把小我融入大我。同时，以学雷锋日为契机，开展"把小我融入大我　南开与祖国同行""弘扬雷锋精神　献礼建党百年"等主题活动，让"知中国，服务中国"的传统成为南开学子的责任担当。

"无论各具何长，要皆能发扬昌大。"这是张伯苓校长对南开学子的寄望。为扎实推进"公能"素质教育，南开不断加强校园文化建设顶层设计，打造校园文化精品，积极开展"高雅艺术进校园""南开文化周末""荷花节""梨园春荟""南开公能讲坛"等校园文化活动与校长杯、新生杯等系列体育赛事，把社会主义核心价值观落实到全方位的育人实践中。南开学子在西班牙巴塞罗那"金色之声"国际合唱比赛、"一带一路"国际龙舟节与全国象棋比赛中屡获佳绩；在"五月的鲜花"全国大中学生文艺汇演中展现南开学子的青春风采；在一年一度的运动会中挥洒汗水，锻炼体魄，磨炼意志；在砥砺前行、接续奋斗中实现个人价值。他们通过塑造勇敢、坚定、勤奋、担当的"小我"，融入国家民族的"大我"，用才华与实干爱国报国，努力成为公能兼备的社会主义建设者和接班人。

走过百年风华，南开大学始终扎根中国大地办大学，把爱国主义教育融入教育教学全过程。新时代新征程，南开人将时刻牢记习近平总书记的殷殷嘱托，扛起"时代新人要以民族复兴为己任"的担当，明确"把个人之小我融入社会之大我"的理念，弘扬南开精神，矢志爱国奋斗，将论文写在祖国大地上，将成果带入人民百姓家，在脱贫攻坚乡村振兴中、在共抗疫情爱国力行中、在解决国家卡脖子关键技术中、在提升新时代中国国家话语权中、在传承弘扬中华优秀传统文化中、在促进祖国统一和民族团结进步中、在助力国家安全和国防建设中，实践"知中国，服务中国"，做到"爱中华，复兴中华"。

使命在前，责任在肩！

书写绚烂无悔的青春篇章

2017 年 9 月 23 日，习近平总书记给南开大学阿斯哈尔·努尔太等八名新入伍大学生回信，肯定了他们携笔从戎、报效国家的行为，勉励他们"把爱国之心化为报国之行，为广大有志青年树立了新的榜样"，"把热血挥洒在实现强军梦的伟大实践之中，在军队这个大舞台上施展才华，在军营这个大熔炉里淬炼成钢，书写绚烂、无悔的青春篇章"。在 2018 年新年贺词中，总书记再次提及南开学子从军报国的故事，赋予了南开人沉甸甸的责任和使命。2018 年 9 月 21 日，习近平总书记再次作出重要勉励语："珍惜军旅时光，锤炼过硬本领，把忠诚报国、担当奉献作为毕生追求，为实现强国梦、强军梦贡献力量。"这不仅是对南开学子爱党爱国、忠诚奉献精神的充分肯定，也是对百年来南开爱国奋斗传统的高度赞扬，更是对新时代南开大学办学育人的又一次关怀厚爱与殷殷嘱托，令人鼓舞，催人奋进。

南开大学是一所具有爱国主义传统的高等学府，自 1919 年建校以来，在历次革命、救亡运动中，都有南开人的身影。在当今的和平年代，一批批南开学子继承先辈们的爱国主义精神，怀着复兴梦、强军梦，应征入伍，丹心报国。习近平总书记的回信和勉励，不仅是对阿斯哈尔·努尔太等八名大学生新兵以及全体南开人的激励，更是对千千万万青年学子和基层官兵的巨大鼓舞。

阿斯哈尔·努尔太是南开大学法学院法学专业 2015 级本科生，在他两岁时，身为反恐公安干警的父亲在处置暴恐事件中因公殉职。渐渐长大的阿斯哈尔，越来越想继承父亲的遗志，到部队去、到战场去、到前线去，为军队建设和国防事业挥洒青春与热血。2015 年 9 月入学南开园后，阿斯哈尔动容于张伯苓校长在面对儿子牺牲于抗日战场时说出"吾早以此子许国"的故事，南开大学光荣的爱国主义传统和公能日新的精神氛围浸润着他的心灵。因此，他更加坚定了参军入伍的决心。2017年9月，阿斯哈尔·努尔太响应党和国家号召应征入伍。在入伍前夕，学校组织集体学习《习近平的七年知青岁月》，阿斯哈尔与其他七名准备参军入伍的同学被总书记在青年时期扎根基层的故事深深打动。于是，他们向总书记写信，汇报自己参军入伍、报效祖国的决心，并两次收到习近平总书记的亲切回信和勉励。带着总书记"在军营这个大熔炉里淬炼成钢"的殷殷嘱托，他毫不犹豫地选择了武警部队反恐一线，希望能像父亲一样为社会和谐稳定作出贡献。

◎南开八名入伍大学生，从左到右依次是：胡一帆、蔚晨阳、阿斯哈尔·努尔太、王晗、贾岚珺、戴蕊、李业广、董旭东

在武警部队服役期间，阿斯哈尔·努尔太出色完成了各项任务，并且愈发坚定地想要成为一名共产党员。他主动请缨加入特战中队，后在机动中队担任骨干，军事技能进步的同时，思想政治也不断成熟。阿斯哈尔·努尔太不仅获得团级十佳义务兵，当选全国武警团代会代表，同时作为安徽省征兵形象大使、南开大学征兵工作形象大使，讲述部队淬

炼故事，宣传征兵工作，切实带动大批有志青年参军报国。2018 年 6 月，他获评第十三届全国大学生年度人物。2018 年 7 月，淮河抗洪形势严峻，正在服役的阿斯哈尔不畏艰险，主动请战。2019 年 6 月，中宣部、教育部从历届全国大学生年度人物中，遴选出十位大学生授予"最美大学生"称号，他代表大学生士兵获得全国大学生最高荣誉。在部队的第二年，他作为中队骨干的同时还作为基层理论教员，发挥先锋作用，带领身边的战友共同学习共产党优秀传统，在中队掀起听党话、学党史、悟思想的新风气。

◎阿斯哈尔·努尔太宣誓入党

2019 年 9 月，阿斯哈尔·努尔太服役期满正式退役。在中国共产党成立 99 周年前夕，阿斯哈尔·努尔太迎来了自己期待已久的"红色生日"——2020 年 6 月 26 日，在法学院本科生第一党支部党员大会上，经全体正式党员一致同意，阿斯哈尔正式成为一名光荣的中国共产党党员。"我曾在入党申请书中写道，'我渴望以军人身份入党，这对我意义重大'。"在党旗下，阿斯哈尔声音颤抖、真情流露，发自肺腑地诉说着自己入党的初心。以党员身份回到校园重拾学业后，阿斯哈尔担任法学院学生党总支委员和本科生第一党支部宣传委员，把军人那种特别能吃苦、特别能战斗的精神带到了学习和工作上。他在承担组织交予的各项任务的同时，积极参加全校征兵宣传工作，仅他所在的党支部就有一名党员和一名积极分子选择了参军报国；在以他的红色生日为主题的党日活动中，他以自身入党初心和奋斗经历，辐射带动更多的团员向党组织靠拢，在院内外反响热烈；疫情形势下，他在全国高校爱国奋斗精神云宣讲中，代表学校讲述南开学子的家国情怀。

临近本科毕业，阿斯哈尔·努尔太身边不少同学都在联系工作、考虑深造，规划自己的未来。又到征兵季，看到校园内的征兵横幅，想起熟悉的军营时光，阿斯哈尔·努尔太心中那团不熄的火焰愈燃愈烈。他找到南开大学武装部的老师，表达二次入伍的强烈意愿，但因超龄，已不符合入伍条件。他又把目光投向了军队的文职招考，始终关注着招考信息的发布。他也参加过学校举办的双选会，其中不乏多家国企央企抛出的"橄榄枝"。正在焦急等待中，南开大学党委学生工作部副部长、武装部部长赵清泰带给他一个好消息：今年（2021年）将首次从"双一流"建设高校和"双一流"建设学科的应届毕业生当中直招军官。

在仔细筛选和与家人、师长沟通后，阿斯哈尔·努尔太最终选择报名参加武警新疆总队某排岗位选拔。一些人不解："已经尽过义务，为什么还要去当兵？"阿斯哈尔·努尔太满怀激情地说："2019年，习近平总书记视察南开大学时，曾寄语师生'只有把小我融入大我，才会有海一样的胸怀，山一样的崇高'。作为一名应届毕业生，虽然有很多就业选择机会，但我始终没有忘记青年党员和退役大学生士兵身份，多重经历的磨炼让我更加坚定参军报国的人生梦想。'强国必须强军，军强才能国安。'总书记的嘱托牢记在心，强军号角回响耳畔。直招军官这一举措令我非常振奋，并视为无比珍惜的机会。今年恰逢建党百年，我热切期望能重返军营建功立业，在父亲牺牲奉献过的热土上接续奋斗，将个人发展的'小我'融入强军伟业的'大我'之中，以实际行动回报习近平总书记的亲切关怀与厚望，为实现党在新时代的强军目标、实现中华民族伟大复兴的中国梦而努力奋斗。"憧憬起部队生活，阿斯哈尔·努尔太眼中闪现着光芒。

毕业典礼后，阿斯哈尔·努尔太更新了一条朋友圈：在他父亲的二级英雄模范勋章图片上，写着"终极目标"。他曾说，自己始终以周恩来、于方舟等南开历代杰出的共产党人为楷模，奔赴祖国边疆，传承南开共产党人红色基因，赓续南开共产党人精神血脉，矢志在边疆热土上守卫万千安宁，以实际行动践行新一代南开共产党人的担当。

◎《中国国防报》报道南开入伍八学子

　　和阿斯哈尔·努尔太一同参军入伍的七名同学也同样希望为中华民族伟大复兴的中国梦和强军梦尽一己之力、洒一腔热血。胡一帆曾两次执行一级警卫任务，参加武警部队"新条令知识竞赛"并获得第二名，是所在中队的理论骨干；李业广因入伍前不慎跌伤，9 月 30 日才到北部战区空军第一新训旅报到，但经过不懈努力，他成为同期新兵里第一个放单飞的机务兵；蔚晨阳在接过班长手中的钢枪时，立志当好红军传人，不久后，他因成绩突出被集团军表彰为"优秀新兵"；董旭东参加武警部队"四会教练员"大赛并获奖，同时于 2018 年 5 月 4 日递交了入党申请书；出生于军人家庭的王晗从小有着很深的军人情结，她入伍的决定也得到了家人的支持；戴蕊在新兵训练结束后被评为"武警部队最美新兵"，由她担任主演的《主席我们向您来报告》音乐快板在武警部队文艺汇演中获三等奖；贾岚珺在刻苦训练之余，充分发挥个人绘画特长，积极参加旅队组织的主题书画展，展示自己对军营生活的热爱。从学生到军人，从校园到军营，从文质彬彬到铁骨铮铮，身份虽然转换，但是青年应有的坚毅、奋进的底色在他们身上未曾褪去。如今的南开园，"强军有我"的接力棒在一届又一届入伍、退伍的学子之间传递，他们自觉投身强军兴军的时代洪流，一代又一代南开人以自己的行动，作出足以告慰前哲、激励后人、不负时代的贡献。

传承爱国基因 铸牢南开之魂

秋日阳光下，静谧的新开湖泛起粼粼波光，马蹄湖湖心岛的纪念碑上，周恩来总理手书"我是爱南开的"六个大字更显辉煌，其与严修、张伯苓纪念园隔大中路相望，西侧海冰楼内，百年南开爱国奋斗的校史展览吸引着世人的目光。

在很多人眼中，这是一年里南开园最美的季节。每到此时，作为天津市爱国主义教育基地的南开大学八里台校区，除了一如既往地敞开热情怀抱，迎接来自天南海北、社会各界参访学习的客人之外，也会静静"等待"一批特殊南开人的到来。

◎师生在南开大学八里台校区爱国主义教育基地感悟南开校史

他们是这所学校的通识课"百年南开校史文化"课程的学生。他们来到习近平总书记曾经亲临参观考察过的"爱国奋斗 公能日新——

南开大学百年校史主题展"，重新感受百年来这所巍巍学府为党育人、为国育才的理念情怀。新时代的南开青年如何按照学科特色做到"公能新"，怎样将南开校史与"四史"学习相结合来设计文创产品，可否拍摄一段校训快闪献礼建党 100 周年……五虎路上，思源堂前，这些南开学生讲校史、说校训、做文创、拍快闪，开展独具南开文化特色的爱国实践课。

在斑驳珍贵的历史图片里、在饱经沧桑的校园景观前、在生动精彩的现实展示中，这些南开学生为先贤们砥砺入骨、炽热坦荡的爱国情愫所感动，为前辈们丹心碧血、隽永深长的报国豪举所鼓舞。有兴学救国的五四肇基、有知行中国的宏业始创、有牺牲为国的烽火淬砺、有智勇报国的弦歌咏唱，同心共情、同向共鸣、同行共生的全维感观和沉浸体验，令他们"心头一热"——拥有百年历史的南开，凝聚了严修、张伯苓等前辈先贤的努力与期望。南开的百年历史，是一代代南开人的爱国史、奋斗史、传承史。

◎ "百年南开校史文化"课堂上学生体验式学习校史

对于他们来说，南开英烈们的光辉事迹，是新时代爱国主义教育最贴近、最直观、最生动的红色教材。静静仰望图书馆前侧的于方舟塑像、细细抚摸联大纪念碑上的从军学生名录、默默念诵展览烈士墙上的人物生平：那些年，南开人踏上了北京市，而马骏永远留在了德胜门，就好像南开人踏上了顺直省，而于方舟永远留在了玉田县，就好像南开人踏上了热察绥，而陈镜湖永远留在了张家口，就好像南开人踏上了鲁西北，何懋勋永远留在了齐河坡，就好像南开人踏上了青海高原，而郭永怀永远留在首都机场旁的玉米地……那些年，胸怀天下、遍布祖国的南开身影，那些年，瞬间定格、化为永恒的南开生命，留下了青春芳华，留下了赤子情怀，激励着后辈们迈向新未来。

"当真正走进这段历史，踏过一片片经历百年的土地之后，才发现心底里一直存着对这个校园、这段历史的深情仰望。"细细品味着与国家和民族共命运，与时代和社会相偕行，与党史、新中国史、改革开放史、社会主义发展史一脉相承的百年南开校史，这些南开学生对"光荣的爱国主义传统"——南开的办学之魂，有了更加深刻的理解，也有了更为亲近的情感。

"吾甚愿诸生以火把自命，匪独自燃、且能助燃，方为真正爱国。""希望我们都能从百年南开爱国奋斗的历史故事中汲取滋养、获得启迪，增强秉公尽能、刚毅坚卓的信心和勇气！"斑斓秋光、柔风暖阳下，师长们的殷切话语再次回荡在这些南开学生耳边，给人以无限憧憬、梦想和希望。

对于南开来说，如果秋日的金色年华是一道耀眼的光芒，那么夏日的紫色青莲则是一幅绚丽的风景。每年七八月份，当祖国各地都迎来这所学校的社会实践队伍时，1500多公里外的甘肃省庄浪县，就是绚丽风景中最为醒目的地方。因为，在当地孩子们的热切期盼中，比平日更多的"南开老师"会来到他们身边。

孩子们眼中的"南开老师"，不仅是教授学者，更多的是一些只比他们年长十多岁的本科生和研究生。这些南开老师是南开大学服务学习系列课程的师生。"计算机教育与科技扶贫""数字媒体和社会""英语支教""饮用水与健康"……秉持百年来南开大学一以贯之的"知中国，服务中国"办学宗旨，系列课程由专业教师带队，坚持体验式学习与社会实践相结合，让学科知识与教育科技帮扶相统一，把专业知识转变为服务社会的能力。

◎"师生同行　服务社会"

这些南开老师，年龄虽然不大，却有匠心独运的教育方法和颇为成熟的教育经验。他们重视理论与实操结合、知识与心智并重，他们开设的课程立足当地、立足实际、立足生活，涉及文学历史、科学精神、体育基础、急救常识、信息通信、天文素养、传统文化等方方面面。他们有活力，有激情，在传授知识的同时，帮助当地学生拓宽视野、培养自信。

"课前的小游戏让我们对学习充满期待，'电影式'的教学能帮助我们在具体环境中理解知识，内容轻松易懂，真的是趣味十足。"新颖别致、互动启发式的教学获得了当地孩子们的"点赞"。课堂氛围高涨热烈，课程内容触动人心。孩子们都说，这样的学习，不仅能看得见、听得进，更能用得上。

根据自己专业所长和当地学生兴趣所在，这些南开老师精心设计了符合认知发展的趣味体验课程。他们充分调研当地中小学教学状况及疫情期间线上教学开展情况，并提出了系列解决方案。这些南开老师引导群众树立安全饮水观念、培养节约用水意识，为当地村民开展了科普讲座等活动。为保障妇女权益、改善妇女生活，提升自我价值认同，这些南开老师以影像力量促进乡村女性转变生活观念；针对当地第三产业发展情况考察评估，这些南开老师为相关景区发展旅游业、提升县域经济提出了建议……他们在认识西部地区的发展现状的过程中进一步读懂中国，在脚踏中国大地的同时努力解决中国问题。这些南开老师学以致用、知行合一，把为实现中华民族伟大复兴而努力奋斗的使命责任，化成爱国报国的实际作为，化成描绘华夏河山的壮美风景。

从炎炎夏日到皑皑寒冬，不变的是那抹庄严的南开紫，更是心中火一样的赤诚。

就像百年前的冬日，南开最好的学生，也是日后被称为南开最杰出的校友周恩来，怀揣"范孙奖学金"前往欧洲，继续他探索真理、救国救民的历程。百年后的冬日，南开校友总会发起倡议，众筹建设"南开百年周恩来纪念讲堂"，缅怀伟人风范、弘扬恩来精神。

聚是一团火，散是满天星。校友个人、校友企业和社会各界贤达积极响应，同心筑梦，携手前行。他们本就是怀抱旷远的俊逸英才，在不同工作岗位上竭诚笃行，为国家富强、民族振兴、社会进步和人民幸福谱写了灿烂无悔的人生，他们被亲切地称为"南开之友"。

冬日里，会有一场叫作"荣耀南开"的校园表彰，其中的最高荣誉之一，就是这些南开之友捐资设立的"周恩来奖学金"，激励青年学子以杰出校友周恩来为楷模，塑造健全人格。

◎ "荣耀南开"南开大学优秀学生颁奖典礼

冬日里，还会有一场温暖人心的感恩活动，答谢这些为国家教育助力、为学校发展贡献的南开之友。这些南开之友，也将他们的多彩经历和人生财富、宝贵经验和先进理念、宏大眼界和广阔格局，带回南开，带给"为中华之崛起而读书"的继承者，带给"愿相会于中华腾飞世界时"的后来人，在凛冽的寒冬中带来春日般的温暖。

南开生，南开师，南开友，他们拥有一个共同的称呼——南开人，爱国奋斗的南开人。"爱国奋斗、公能日新"，这是百年来这所学校最核心的关键词，也是这所学校加强新时代爱国主义教育的着力点。

2019 年，在习近平总书记来校视察后的那个春天，一个由知名院士、专家学者、青年学生、党政管理干部、一线宣传工作者等组成的南开大学爱国奋斗精神宣讲团成立。他们聚焦百年南开爱国奋斗、公能日新的光荣传统，从不同角度讲述南开爱国奋斗的光辉历史和南开人在立德树人、教学科研、脱贫攻坚第一线、文化传承创新、服务社会经济发展等方面接续奋斗的动人故事，声情并茂地展现一代代南开人把小我融入大我、扎根基层、服务人民、矢志报国的家国情怀。

课堂讲授说爱国、互动讨论谈爱国、师生交流话爱国、实践教育讲爱国……在思政课程与课程思政的课堂主渠道中，在加强爱国主义理论全方位、深层次、多角度的研究阐释中，在"爱国、励志、求真、力行"的校园文化精品中，在师生"四同"的社会实践、到祖国和人民最需要的地方建功立业中，南开人不断强化对国家民族的情感认同，不断激发爱国报国的巨大热情。

◎新中国成立 70 周年之际南开师生在主楼前为祖国献礼

春风化雨育桃李，弦歌不辍照芳华。新百年新起点，新时代的南开人牢记习近平总书记殷殷嘱托，继承发扬光荣传统，树立核心价值追求，不断提升南开特色爱国主义教育的站位高度、普及广度、参与深度、传播强度和情感温度，传承爱国基因，铸牢南开之魂，让爱国故事人人宣讲、爱国情怀生生不息、"爱国三问"代代传承！

后　记

　　为深入学习贯彻党的二十大精神，进一步弘扬南开光荣的爱国主义传统，精心打造爱国本色彰显、时代底色厚重、南开特色鲜明的爱国主义教育品牌，按照学校党委部署，南开大学党委宣传部组织编写了这本《百年南开爱国魂——南开大学爱国主义教育故事汇》。

　　本书撷取学校百年发展史中爱国救国报国强国的精彩历史故事，以图文并茂的形式，生动讲述了周恩来等杰出楷模的崇高风范，严修、张伯苓等创校先贤为国家办教育的艰辛历程，马骏、于方舟、郭永怀等南开英烈舍身为国的英勇事迹，杨石先、陈省身、叶嘉莹等学术大师矢志报国的奋斗精神，新时代南开师生校友在强国复兴征程上建功立业的使命担当，旨在激发广大师生爱党爱国爱社会主义的巨大热情，在新时代接续谱写爱国奋斗、公能日新的崭新篇章。

　　学校领导始终关心本书的编写并给予重要的指导。本书在编写出版过程中，参考了许多南开校史相关资料，还得到了南开大学校史研究室、南开大学新闻中心、南开大学出版社等单位的帮助和支持，在此一并表示衷心感谢。

　　由于编者水平有限，书中难免存在疏漏和不足，敬请广大读者批评指正。

编者

2022 年 12 月